O depósito da nossa fé

Dados Internacionais de Catalogação na Publicação (CIP)
(Câmara Brasileira do Livro, SP, Brasil)

Grün, Anselm
   O depósito da nossa fé : espiritualidade para
o nosso tempo / Anselm Grün, David Steindl-Rast ;
prefácio e mediação de Johannes Kaup ; tradução de
Markus A. Hediger. – Petrópolis, RJ : Vozes, 2017.

   Título original : Das glauben wir : spiritualität für unsere Zeit
   ISBN 978-85-326-5550-9

   1. Cristianismo 2. Espiritualidade I. Steindl-Rast, David.
II. Kaup, Johannes. III. Título.

17-06766   CDD-248

Índices para catálogo sistemático:
1. Espiritualidade : Cristianismo   248

ANSELM GRÜN
DAVID STEINDL-RAST

O depósito da nossa fé

*Espiritualidade
para o nosso tempo*

Prefácio e mediação de Johannes Kaup
Tradução de Markus A. Hediger

EDITORA
VOZES

Petrópolis

© 2013, by Vier Türme GmbH-Verlag, Münsterschwarzach

Título do original em alemão: *Das glauben wir – Spiritualität für unsere Zeit*

Direitos de publicação em língua portuguesa:
2017, Editora Vozes Ltda.
Rua Frei Luís, 100
25689-900 Petrópolis, RJ
www.vozes.com.br
Brasil

Todos os direitos reservados. Nenhuma parte desta obra poderá ser reproduzida ou transmitida por qualquer forma e/ou quaisquer meios (eletrônico ou mecânico, incluindo fotocópia e gravação) ou arquivada em qualquer sistema ou banco de dados sem permissão escrita da editora.

CONSELHO EDITORIAL

Diretor
Gilberto Gonçalves Garcia

Editores
Aline dos Santos Carneiro
Edrian Josué Pasini
Marilac Loraine Oleniki
Welder Lancieri Marchini

Conselheiros
Francisco Morás
Ludovico Garmus
Teobaldo Heidemann
Volney J. Berkenbrock

Secretário executivo
João Batista Kreuch

Editoração: Flávia Peixoto
Diagramação: Sheilandre Desenv. Gráfico
Revisão gráfica: Nilton Braz da Rocha
Capa: WM design

ISBN 978-85-326- 5550-9 (Brasil)
ISBN 978-3-89680-921-6 (Alemanha)

Editado conforme o novo acordo ortográfico.

Este livro foi composto e impresso pela Editora Vozes Ltda.

Sumário

Prefácio – Praeludium ex silentio, 7

1 O primeiro amor – ou: Fontes de intimidade na infância, 13

2 Um Deus além do mercado – ou: Quem é Deus após sua "morte"?, 17

3 Onde você se sente vivo? – ou: Sobre o sentido criativo da vida, 25

4 Ego, medo e o nada – ou: A aventura da descoberta do *self*, 36

5 O que desejamos irradiar? – ou: Sobre a vocação, a coragem e o medo, 45

6 Despedida de imagens infantis de Deus – ou: Nos passos do mistério divino, 55

7 Equívocos fundamentais – ou: Sobre a tentação de querer possuir a verdade, 65

8 "*Dead man rising*" – ou: Jesus Cristo e o Buda, 72

9 Santa, pecadora e eleita – ou: A(s) Igreja(s) entre essência e aparência, 89

10 Em diálogo com o mistério – ou: O "Pai-nosso" e a confiabilidade de Deus, 94

11 Três e um? – ou: Pequeno manual de instruções para a Trindade, 98

12 Como posso viver finitamente? – ou: Sobre a mortalidade e a eternidade, 104

13 Ser totalmente eu mesmo – ou: Sobre a oração como espaço de liberdade, 113

14 O pecado e o mal – ou: Por que estamos emaranhados em culpa, 136

15 A doutrina dos oito males – ou: Os primórdios da psicologia espiritual, 149

16 Sobre o sofrimento e a reconciliação – ou: A cruz e as estruturas do pecado, 161

17 Sobre o crescimento espiritual – ou: Aprender a me aceitar como realmente sou, 173

18 Sobre raízes e crescimento – ou: Conectar o velho com o novo, 177

19 Sobre a encarnação – ou: Como corpo, espírito e alma formam uma unidade, 180

20 Tempo para gratidão – ou: Por que cada momento é um presente, 185

21 Mística, resistência e participação – ou: Qual é o foco do cristianismo, 198

22 Falar sobre experiências – ou: A fé separa ou une?, 202

Agradecimento – Postludium ex gratia, 205

Prefácio
Praeludium ex silentio

ERG CHEBBI, MARROCOS

Finalmente alcancei meu destino no topo da duna mais alta em toda região. Atrás de mim, a alguns quilômetros de distância, estende-se a fronteira da Argélia. Lá longe, a bola de fogo vermelha se põe por trás de um planalto. As primeiras estrelas brilham no firmamento. Aos pés da montanha de areia estão nossas motos empoeiradas e as barracas. Daqui são quase irreconhecíveis. Meus amigos ficaram para trás, estão à procura de raízes secas e esterco para a nossa fogueira noturna. Os três beduínos em suas roupas azuis e seus camelos desapareceram há horas em um dos vales entre as dunas. Meus lábios estão ressecados. A areia fina escorre entre meus dedos como água. Deserto para todos os lados. Nenhuma brisa. Nenhum barulho. Silêncio total na terra. Silêncio também no céu. Silêncio dentro de mim. Inspiro. Expiro. Estou aqui. Totalmente aqui. Agora! É um daqueles momentos em que meus olhos se abrem de repente e vejo: alcancei o centro do universo. E lembro onde já vivenciei essa mesma sensação: na Escócia, na Noruega, na Mongólia, no Novo México...

Mas a geografia não importa. Na verdade, não se trata de lugares especiais. Quando viajamos – e de certa forma toda a nossa vida é uma viagem – o que importa são os momentos em que o tempo passageiro parece parar de repente. Todas as expectativas e ambições que eu acredito precisar realizar, tudo que procuro alcançar e também todos os meus fracassos, nada disso importa nesse momento. Sinto-me nu. Mas existo. Completo. Aqui. Aparentemente do nada, o silêncio começa a falar dentro de mim, inaudível.

Surgem pessoas que me acompanham, pessoas vivas e pessoas que morreram há muito tempo. Encontros que me marcaram voltam à vida. Alegrias e dores, sonhos e decepções – tudo isso se torna transparente por um instante. Não há mais separação entre mim e o mundo, entre *ego* e *self*, entre a minha história e a história dos outros, entre ser e tempo. Tudo se torna absolutamente claro. O destino da viagem está ao meu alcance. Trata-se de um daqueles momentos em que o amor me inunda. Se eu tivesse de morrer agora, estaria pronto. A única coisa que me prenderia à vida seria a preocupação pelos queridos.

Às vezes, o diálogo se transforma em um canto silencioso. Algo canta dentro de mim. Do nada. Felicidade pura. Que sentido melhor e maior poderia ter a minha vida senão a gratidão com a qual eu respondo ao dom de poder existir. Por meio de outros, com outros e para outros. Grato pela fonte invisível, cuja origem se perde no nada... aqui, no meio do deserto marroquino e em todos os lugares em que estou e estarei.

O que isso tem a ver com este livro? Alguns já devem ter adivinhado a resposta; outros terão de ter um pouquinho de paciência. Primeiro, uma mudança de lugar.

Comunidade de Taizé, Borgonha

Este verão é atípico: frio, molhado, tempestuoso. A oeste, sobre as colinas da Borgonha, aproxima-se outra parede escura de nuvens da pequena aldeia. 75 anos atrás o suíço Irmão Roger Schütz escolheu esse povoado como local para fundar uma comunidade monástica ecumênica. Ela pretende ser um sinal de reconciliação num mundo ferido de divisões. Viver na simplicidade do espírito do Evangelho de Jesus com as pessoas de hoje. Na década de 1960, a comunidade às margens da aldeia se transformou em ponto de encontro para milhares de jovens do mundo inteiro. Milhares de jovens se reúnem diariamente para as orações, os cantos de mantra, períodos de silêncio e diálogo na grande igreja iluminada por velas. Eles vêm de toda a Europa: da Suécia, da Alemanha e da Espanha, da Irlanda, da Itália e da Ucrânia. Também há visitantes da Coreia do Sul, das Filipinas, da Nigéria, do Brasil e da Argentina. Aqui eles se sentam, se ajoelham lado a lado para rezar, cantar e meditar. Não é um público pio no sentido clássico que se reúne aqui. Percebe-se que, para alguns, é a primeira vez em sua vida.

As diferentes línguas, culturas, mentalidades e formas de vida fazem da comunidade temporária de milhares uma imagem da aldeia global em que vivemos virtualmente. Há, porém, uma grande diferença: aqui nós olhamos uns para os outros, ouvimos o que o outro tem a dizer, compartilhamos as refeições simples, limpamos juntos os banheiros, lemos textos bíblicos e conversamos sobre as nossas experiências de vida. Somos diferentes e múltiplos, mesmo assim somos um. Não porque temos um grande conhecimento, mas porque procuramos, porque nos abrimos. Porque estamos presentes no espírito do iniciante. Aqui não importa o que você possui, mas apenas o que você é. Unidade na diversidade das formas. Unidade que não ignora ou oprime as diferenças. É uma unidade fundamental, que permite, viabiliza e se alegra com a autonomia individual e com a multiplicidade cultural, com a riqueza em cores que enriquece este mundo. Uma utopia antecipada de um novo continente, uma utopia do convívio global – aqui ela encontrou o seu lugar, aqui podemos experimentá-la.

Meus olhos passeiam pela igreja pouco iluminada. Aqui se reuniram pessoas que estão sedentas de uma espiritualidade para o nosso tempo. Será que elas conseguirão descobrir os tesouros soterrados que mantiveram o cristianismo vivo durante tanto tempo? Elas conhecerão testemunhas confiáveis que traduzem a mensagem central de Jesus Cristo para a atualidade? Elas poderão viver uma mística voltada para o mundo, uma política prática de afeto e solidariedade para com os marginalizados deste mundo? Elas se transformarão em agentes de mudança em direção à intimidade global da qual o nosso mundo tanto carece?

Para mim, os monges David Steindl-Rast e Anselm Grün são exemplos desse tipo de figuras de esperança, que, por força de seu exemplo, podem nos orientar neste mundo tão complexo. Sinto uma grande alegria e gratidão por conhecê-los e por ter tido o privilégio de passar um fim de semana inteiro com eles no Mosteiro de Münsterschwarzach num diálogo profundo e vivo. Eles emanam a espiritualidade profunda e descontraída do dia a dia. Sua experiência de vida, seu dom de discernimento crítico e espiritual, sua honestidade radical, sua linguagem poética e refletida, seu conhecimento terapêutico e espiritual e seu senso de humor e ironia me entusiasmam e alegram há muitos anos.

O impulso para o nosso diálogo teve sua origem na terra natal do Papa Francisco. Alberto Rizzo, de Buenos Aires, teve a ideia e convenceu o Monge David Steindl--Rast. A mim coube apenas apresentar a ideia a Anselm Grün e encontrar um fim de semana livre na agenda lotada dos dois mestres espirituais. Quando conseguimos vencer esse desafio e nos encontramos em Münsterschwarzach, o Espírito pôde fluir.

Nossas conversas na forma atual deste livro também podem ser vistas como um "curso intensivo" de espiritualidade cristã. A forma do diálogo e o tempo limitado à nossa disposição talvez levem alguns leitores a sentir falta deste ou daquele tema e a lamentar a falta de uma organização sistemática dos capítulos do livro. Peço que me perdoem. Mas creio que este livro oferece uma ajuda espiritual e material de reflexão para muitos contemporâneos, sejam eles cristãos ou não. Nesse sentido, eu, como jornalista de rádio, confio na propaganda boca a boca daqueles que se sentirem inspirados e tocados por ele.

Erg Chebbi, Taizé e Viena, novembro de 2014.
Johannes Kaup

1
O primeiro amor
Ou: Fontes de intimidade na infância

O que as pessoas acreditam, como elas compreendem e vivem sua espiritualidade depende também de suas experiências na infância. Por isso, refletir sobre a espiritualidade significa, sempre e também, seguir os rastros da memória; significa refletir sobre as primeiras experiências marcantes com o sagrado, com aquilo que as religiões do mundo descrevem como o divino.

DAVID STEINDL-RAST

Minha primeira lembrança de uma experiência com o sagrado remete ao início de minha vida – eu devia ter uns 4 anos de idade na época. Era antes do Natal. No quarto dos pais, um fio dourado havia caído de uma embalagem de presente e estava no chão. Curioso, perguntei o que era aquilo, e minha mãe respondeu: "Deve ser um cabelo do Menino Jesus". – Aquilo me comoveu profundamente. Não era risível – e continua não sendo na minha lembrança. Essa experiência me atraiu e me assustou ao mesmo tempo – ou seja, foi realmente um encontro com o sagrado.

Alguém poderia objetar agora que esse tipo de experiência se desmistifica rapidamente quando crescemos. Mas a transição do Menino Jesus para uma visão mais ampla ocorreu organicamente no meu caso, porque meus pais o fizeram com muita sabedoria. Disseram simplesmente: "O menino Jesus nos envia". Foi muito fácil traduzir o fato de que Cristo vive em tudo e que Ele ama dentro de nós.

Outra lembrança – eu ainda era muito novo, tinha no máximo 5 anos de idade – é esta: Vi como um avião escrevia – com vapor ou gás branco – a palavra "IMI" no céu. Era uma propaganda de produto de higiene que existia na época. O avião era minúsculo – eu nem consegui reconhecê-lo. Ele deveria estar a uma altura muito grande. Perguntei: "O que é isso?" A resposta que recebi foi: "É um escritor celeste". Na época chamavam esse tipo de avião de "escritor celeste". Pensei imediatamente no Espírito Santo, porque o avião realmente se parecia com uma pomba que escrevia no céu. Esse foi outro encontro que eu tive com o sagrado.

Uma terceira lembrança que tenho – depois de 1 ou 2 anos – é de um sonho: Existia na casa dos meus pais uma escada em caracol feita de pedra, que levava do térreo – onde moravam meus pais e nós, filhos – para o segundo andar – onde viviam minha avó e minha bisavó. Eu sempre chamei aquele andar de "o andar velho". Sonhei que estava descendo pela escada. E Jesus – aquele da pintura do quarto de minha avó – vinha subindo ao meu encontro. Quando nos encontramos, nos tornamos um. Aquilo foi um sonho. Nada mais. – Durante décadas não refleti sobre esse sonho, mas nunca o esqueci.

Hoje eu o compreendo como uma experiência verdadeiramente espiritual.

Vistas isoladamente, essas primeiras experiências não seriam tão significativas. Mas todos esses encontros infantis com o sagrado já têm a ver com a doutrina cristã. Desde o início a espiritualidade estava totalmente inserida na expressão e no ritual cristão.

É curioso, mas a natureza nunca me comoveu tanto quanto o religioso. Apesar de ter passado muito tempo nas montanhas com minha família – minha mãe era uma grande alpinista – e de sempre ter admirado as montanhas e seus cumes ("Mamãe já esteve lá em cima!"), as experiências com a natureza nunca foram místicas para mim, com exceção de uma: Em frente à única loja que existia em nosso vilarejo havia um pomar, e dentro dele uma fonte, de cuja água saía por uma calha de madeira. Enquanto minha mãe fazia as compras eu me sentava ao lado dessa fonte. E esse milagre – a água fresca que saía das profundezas da terra – também era um encontro com o sagrado, um encontro com a natureza, sem pensar explicitamente em Deus.

ANSELM GRÜN

Eu também senti o mistério pela primeira vez no Natal. Quando crianças, esperávamos no andar de cima da casa, até que o sino tocava e nós descíamos até a sala, cheia de velas – isso também era um tipo de mistério. Outras experiências que eu tive sempre estiveram relacionadas à liturgia. Lembro-me muito bem o quanto levei a sério a Primeira Comunhão. Tornar-me um com Cristo, isso foi uma experiência espiritual. Também a liturgia da Semana Santa, aos 8 ou 9 anos de idade – e mais tarde como coroinha –, era algo sagrado. Era quando eu experimentava algo numinoso. Por isso, já aos 10 anos de idade conversei com meu pai sobre a possibilidade de me tornar padre. É claro que era ainda uma postura infantil. Fiquei muito fascinado pela liturgia e por seu mistério por ocasião de minha Primeira Comunhão. Eu a levei muito, muito a sério.

Mais tarde vivenciei determinadas experiências na natureza como encontro com o sagrado. Certa vez fui caminhar pela floresta, quando ouvi o murmúrio do vento. Aquilo era como estar em harmonia com Deus e com tudo. Foi uma experiência muito profunda.

Meu pai, que todos os domingos passeava comigo e com meus irmãos, sempre nos mostrou a beleza da natureza: as árvores, os pássaros, o céu estrelado. Portanto, a natureza sempre foi algo importante. As montanhas representavam para nós a grandeza soberana. Diante de montanhas altas, quando o sol se punha e a noite caía, eu vislumbrava o sagrado. Então, ficava quieto e apenas olhava. Mas o início de tudo foi a liturgia.

2
Um Deus além do mercado
Ou: Quem é Deus após sua "morte"?

Muitas pessoas experimentam que seu dia a dia é determinado por poderes e potestades que, aparentemente, nada têm a ver com fé e religião. A vida das pessoas que vivem em sociedades industrializadas é dominada pelo trabalho, sobre cujas condições elas exercem pouca influência. O mercado define o que é bom, desejável e importante. A política procura – de alguma forma – amenizar os riscos da vida por meio de medidas sociais, pelo menos em estados de bem-estar social. O que importa é desempenho, concorrência e sucesso. Nos países pobres a vida se concentra na luta diária pela sobrevivência. Já nos países em desenvolvimento vemos a emergência de uma classe de consumidores – a exemplo do estilo de vida ocidental – orientada e interessada no crescimento material, em detrimento dos pobres. Em todos esses fenômenos Deus parece não ter lugar. De certo modo, Ele se tornou supérfluo, passou a ser uma grandeza antiquada, um resquício de tempos sombrios de insegurança, no qual apenas os "ignorantes" ainda creem como último consolo. Deus está morto, como alegou o filósofo alemão Friedrich Nietzsche[1] ao afirmar: Nós o matamos.

---

1. Friedrich Nietzsche (1844-1900), filólogo e filósofo alemão. O aforismo 125 citado aqui se encontra em *A gaia ciência*, sob o título "O homem louco".

Anselm Grün

Para muitas pessoas, Deus não é a primeira realidade; Ele já não é parte natural da vida. Mas justamente nas sociedades ricas, muitos perceberam que o dinheiro e a luta pela sobrevivência não podem ser tudo. Reconhecem seu anseio por algo mais, por amor, por uma aceitação incondicional; um anseio de estarem cercadas por um mistério. Elas se perguntam: "De onde tiro as forças para lutar?" "O aspecto material é a única coisa que importa, ou existem outras dimensões?" Ouço essas perguntas tanto de pessoas pobres quanto daquelas que ganharam muito dinheiro. Os mais inacessíveis são os novos ricos, que acreditam ter tudo e sentem a necessidade de ostentar sua riqueza. Quando as pessoas recalcam seus anseios, isso resulta em grande vazio, em grande espaço oco. Mas em todos os outros casos acredito que reconheçam seu anseio. Acredito nas palavras de Santo Agostinho[2], que disse certa vez: "Quando alguém luta com paixão e anseia algo – seja isso amor ou sucesso, dinheiro ou riqueza – sempre há alguma coisa a mais por trás disso, sempre há um anseio por Deus".

David Steindl-Rast

O ser humano, enquanto tal, é um "animal religioso". Entre todos os animais nós somos os únicos que se

---

2. Agostinho de Hipona (354-430), filósofo, teólogo e bispo, foi um dos quatro mestres latinos da Igreja. Sua autobiografia *Confissões*, escrita em 397, é sua obra mais famosa.

orientam pelo mistério; que sempre procuram ir além de si mesmos. Muitos fatores determinam o grau de consciência em que fazemos isso. Por exemplo, uma pessoa ocupada inteiramente com a luta pela sobrevivência não tem tempo para essa perspectiva, como também uma pessoa que busca exclusivamente o sucesso. Mas em todas as pessoas subsiste a orientação existencial pelo mistério insondável da existência. Mais cedo ou mais tarde – quando vivenciamos a morte de um amigo próximo, quando sofremos um fracasso ou quando somos confrontados com uma doença ou talvez até com a própria morte – surgem perguntas fundamentais relacionadas à orientação por esse mistério, pelo mistério divino. O significado original de "Deus" é "aquilo que invocamos". "Deus" não é, portanto, um nome, mas nos aponta para a nossa orientação existencial pelo mistério.

Mais cedo ou mais tarde, três perguntas confrontam cada pessoa com a transcendência, com uma realidade que nos transcende infinitamente.

A primeira pergunta é: Por quê? – Em determinado momento todos perguntamos pelo "Por quê". Por que existo? Por que existe algo e não nada? Por que sou capaz de perguntar: "Por quê?" Isso nos leva diretamente ao mistério divino.

A segunda pergunta é: O quê? – Nós nos perguntamos: O que é isso? O que é isso ou aquilo em sua essência mais íntima? Essa pergunta – "O quê?" –, ao contrário da orientação vertical do "Por quê?", remete ao nível horizontal, se quisermos recorrer a uma explicação figurativa. O "Por quê?" nos leva a uma profundeza insondável, o "O quê?" a um horizonte infinito. Nesse nível, há sempre mais e mais e mais, sem fim. Por isso, Goethe[3] disse: "Se você quiser avançar para o infinito basta caminhar para todos os lados no finito". O "O quê?" infinito nos leva para o mesmo mistério, como o "Por quê?" insondável.

E a terceira pergunta é: "Como?" – De certo modo, isso nos coloca na intersecção dos eixos horizontal do "O quê?" e vertical do "Por quê?" Agora, nós nos perguntamos: "Como?" No fundo perguntamos: Como devo viver? Como conseguirei vencer? Como devo fazer isso? Isso acrescenta o elemento dinâmico. Nós nos deparamos com o mistério também na dinâmica inesgotável da existência.

Essas três perguntas são, em minha opinião, um traço comum da humanidade. Sua expressão cultural pode ser muito diversa, mas é parte existencial da existência humana. A terminologia cristã chama esse mistério de "Deus", e as três perguntas remetem à Trindade. Pois o "Por quê?" nos leva à profundeza do mistério divino, que nós, cristãos, chamamos de "Pai". O "O quê?" nos leva à extensão e amplitude do "Cristo cósmico". E o "Como?" nos leva à dinâmica do "Espírito Santo".

ANSELM GRÜN

Em minha opinião, ainda existem outras perguntas que nos levam para o mistério de Deus: "Quem sou

---

3. Johann Wolfgang von Goethe (1749-1832), um dos poetas alemães mais importantes e, juntamente com Friedrich Schiller, o representante mais importante do classicismo de Weimar.

eu?" "Sou homem, mulher, este ou aquela?" "Sou padre ou pai, mãe ou mulher de quem?" Quanto mais perguntarmos, mais nos aproximamos do mistério. Além disso, recentemente o tema da beleza – na arte, na natureza, mas também na música, na pintura, na poesia, na linguagem bela – se tornou importante para mim. Por que as pessoas anseiam pela beleza? Platão[4] diz: Tudo o que existe é verdadeiro, belo e bom. Deus é a "beleza primordial". Se eu seguir esse pensamento até o fim descobrirei que tanto os pobres quanto os ricos têm senso de beleza.

Simone Weil[5], uma mulher muito pobre que se empenhou pelos pobres, precisou da beleza para conseguir viver. Dostoiévski[6] disse: "Uma vez por ano você precisa ver a *Madona Sixtina* para conseguir vencer na vida com a ajuda da beleza". – Isso é importante para mim, pois a beleza é um rastro de Deus no mundo. Quando nos concentramos apenas em dinheiro, a beleza perde seu sentido. Evidentemente, podemos abarrotar nosso apartamento com objetos de gosto duvidoso e ostentar nossa riqueza, mas isso nada tem a ver com beleza.

Até agora vi a espiritualidade principalmente sob o aspecto do encontro comigo mesmo: entregar a minha verdade a Deus. Isso é um caminho. Mas a beleza me

---

4. Platão (428-348 a.C.) é considerado um dos filósofos antigos de maior influência, que teve um impacto profundo sobre o pensamento do Ocidente. Ele era aluno de Sócrates e professor de Aristóteles.

5. Simone Weil (1909-1943) era uma filósofa e mística francesa.

6. Fjodor Michailowitsch Dostoiévski (1821-1881), um dos escritores russos mais importantes. Algumas de suas obras mais famosas são *Os Irmãos Karamazov* e *Crime e castigo*.

remete a outra imagem de Deus: a *fruitio Dei* – alegrar-se em Deus, não só obedecer a Ele. Deus é aquele que nos fascina, que nos presenteia com beleza. Dostoiévski disse corretamente: "A beleza salvará o mundo". E Jesus incutiu em seus discípulos a ideia da beleza para que eles se tornassem irmãos e irmãs. Ele não disse: "Você precisa amar!", mas nos ensinou a fazê-lo. Quando percebemos a beleza em nós mesmos e nos outros, nos tornamos irmãos e irmãs. Isso não moraliza. A beleza gera comunhão com e em amor uns pelos outros.

Preciso opor algo à beleza recorrendo mais uma vez a Friedrich Nietzsche: "Deus está morto! Nós o matamos!" – O que Nietzsche quis dizer é que Deus como "ente supremo" se tornou impossível. Se o imaginarmos como entidade suprema no topo de uma pirâmide, que lá do alto legitima todas as estruturas de poder do nosso mundo, teremos um problema enorme. Isso permitiu que a humanidade abusasse de Deus durante séculos. O senhor ainda vivenciou pessoalmente em sua juventude a ideologia do nacional-socialismo, que também foi uma consequência do nosso "assassinato" de Deus. Em decorrência disso o Führer pôde ocupar o topo da pirâmide. O comunismo ocupou esse vazio deixado por Deus. Hoje poderíamos dizer: "É o 'mercado livre', o mercado total que determina as condições de vida e de ação". Quando a posição mais alta não é ocupada, sempre é reivindicada por um ídolo. Não é esta a experiência que fazemos quando não respeitamos Deus em nosso meio? Jesus diria que "demônios" ou ídolos passam a ocupar a nossa casa, entidades que confundem e destroem a nossa vida.

ANSELM GRÜN

No fundo, Nietzsche estava certo. O que ele quis dizer é que uma imagem específica de Deus está morta: o Deus que moraliza, o Deus que sempre exige sacrifícios, o Deus que sempre exige negação está morto. Mas Nietzsche sofreu com isso.

O que importa para mim é o seguinte: Nietzsche buscava o belo, o dionisíaco, ele era sensível a isso. Em seu espólio encontra-se uma sentença que diz mais ou menos o seguinte: "Onde desespero e anseio se unem, surge a mística". Esse é o salto para o mistério. Nietzsche sentiu o desespero na pele, mas também o anseio. Vale manter os dois unidos. Não estou falando da mística que me leva ao êxtase, ao qual posso me agarrar. Trata-se de uma noção vaga, de um pressentimento; é um salto para o mistério.

DAVID STEINDL-RAST

Nietzsche era um homem profundamente religioso. A última estrofe de sua poesia "Ao deus desconhecido", diz:

Quero conhecer-te, desconhecido,
Tu que perturbas a profundeza da minha alma,
Tu que atravessas minha vida como uma tempestade,
Tu que és incompreensível, Tu, meu parente!
Quero conhecer-te, eu mesmo servir-te.

ANSELM GRÜN

Sim, ele era filho de um pastor evangélico e lutou contra a visão negativa de Deus e do ser humano, que encontrou na religião de seu pai. Deus e beleza não estavam unidos nessa religião; Deus era, antes, a negação da vida. Evidentemente, Nietzsche se perdeu nessa revolta, e os nazistas acabaram abusando de sua palavra "Além-do-homem"[7]. Ele certamente sofreu, sentiu algo e perdeu a medida, mas continua sendo um desafio para nós.

---

[7]. O conceito do "Além-do-homem" ocorre em *Assim falou Zaratustra* (1883-1885).

3
Onde você se sente vivo?
Ou: Sobre o sentido criativo da vida

Quando as pessoas perguntam pelo sentido e objetivo da existência humana elas encontram respostas múltiplas. Algumas dizem: "O sentido é a própria vida". Outras procuram realizar ao máximo o seu próprio potencial. Outras, ainda, preferem a versão construtivista: "Sentido é aquilo que nós mesmos construímos, fazemos ou produzimos em variados contextos". Mas será que essas respostas realmente nos satisfazem ou nos deixam ainda mais perplexos? Vale a pena insistir na pergunta e indagar a essência da existência humana e o que realmente lhe importa. Quais são as respostas que David Steindl-Rast e Anselm Grün, dois homens que vivenciaram décadas de experiência e da história do mundo, encontraram às perguntas pelo sentido e objetivo da vida?

DAVID STEINDL-RAST

Enquanto quisermos compreender e nos agarrar ao sentido da vida, nós nos perdemos, pois nossa mente não é grande o bastante para assimilá-lo. Bernardo de

Claraval[8] disse: "Conceitos fazem de nós conhecedores. Comoção nos torna sábios". Encontrar sentido significa permitir que sejamos comovidos. Quando nosso coração se comove o sentido simplesmente está presente; comover-se é encontrar sentido. Acredito que todas as pessoas vivenciam isso muitíssimas vezes. Por exemplo, no nascimento de uma criança ou quando elas se comovem pela beleza da arte ou da natureza. Hoje em dia, muitas delas experimentam o sentimento religioso exclusivamente no encontro com aquilo que as comove na natureza.

No entanto, também é possível uma pessoa ser tomada por ódio ou alucinações. Várias gritaram freneticamente "Sim!" quando Joseph Goebbels – chefe de propaganda de Hitler – proclamou aos seus seguidores, em 1943, no chamado "Discurso do Sportpalast": "Vocês querem a guerra total?" Aqui é preciso discernir minuciosamente entre a comoção que, enquanto tal, é positiva e aquela que é explorada para um fim errado. Em si, uma comoção deturpada gerada dentro de uma comunidade não se diferencia muito daquela que uma pessoa tem quando ouve a "Sinfonia n. 9" de Beethoven[9] ou quando contempla, também comovida, uma queda d'água. A comoção é algo positivo, mas pode ser mal utilizada e explorada.

Para muitas pessoas, a vida como tal oferece um acesso imediato à experiência de Deus. É na própria

---

8. Bernardo de Claraval (1090-1153), Doutor da Igreja, místico e pregador das Cruzadas, propagou a Ordem Cisterciense em toda a Europa como abade do Mosteiro de Claraval.
9. BEETHOVEN, L. [1770-1824]. "Sinfonia n. 9 em ré menor", op. 125.

vida que vivenciamos o grande mistério. A ciência pode nos dizer muito sobre como funciona um ser vivo, mas nenhum cientista consegue nos dizer *o que* é a vida. Isso não é a tarefa da ciência. Os filósofos também não conseguem nos dizer isso, e os teólogos só podem nos dizer que é possível vivenciar a vida como mistério divino. Isso nos revela que a realidade divina não é algo que existe "lá fora". Sempre existe o perigo de acreditarmos que Deus é algo separado de nós. Quando falamos sobre a vida como mistério divino torna-se evidente que estamos completamente submersos em Deus e Ele em nós, pois não podemos saber se somos nós que possuímos a vida ou se é a vida que nos possui.

As pessoas demonstram uma sensibilidade diferente em relação à pergunta sobre Deus em diferentes épocas de sua vida. Também há ocasiões em que se preocupam com perguntas completamente diferentes. Creio que temos cometido o erro de acreditar que podemos fazer catequese em todas as fases da vida. Há ocasiões para a catequese e outras em que precisamos dizer: Espere um pouco.

Ainda que existam fases na vida em que as pessoas não reflitam muito sobre Deus, mesmo assim são importantes para vivenciá-lo. Um dia elas pensarão nisso. Se você não quiser refletir agora sobre Deus, sobre suas experiências com a realidade última, um dia o fará.

ANSELM GRÜN

Quando me perguntam pelo sentido da vida costumo dar três respostas. Primeira: O sentido é que eu torne visível em minha vida a imagem singular que Deus tem de mim. Durante toda a minha vida tento encontrar essa imagem singular, responder à pergunta "Quem sou eu?" e viver de forma autêntica. Nesse caso, minha vida tem sentido.

A segunda é em relação à minha vocação: Jesus envia as pessoas. Qual é a minha missão? Isso não precisa ser algo extraordinário. No entanto, não existo apenas para eu me sentir bem; tenho uma missão no mundo.

Em terceiro lugar, remeto a Viktor Frankl[10], que refletiu muito sobre o sentido da vida. Primeiro ele fala sobre o "sentido criativo": "Quando faço algo criativo vivencio sentido". Ele também fala sobre o sentido da experiência: "Quando experimento algo profundo e que me comove não pergunto pelo sentido". Por fim, fala sobre os valores de postura. A morte de uma criança, por exemplo, não faz sentido. O que importa é como reajo a isso. Frankl diz: "O destino pode tirar tudo de nós, até mesmo a vida. Mas uma coisa ele não pode tirar: a liberdade de reagir a isso e de atribuir um sentido também ao difícil". Temos em nós o "poder de resistência do espírito", que consegue encontrar um sentido até mesmo na doença. Não que a doença em si faça sentido, mas eu lhe dou um.

Há pessoas que se lamentam, que se queixam porque não estão bem e porque não encontram um sentido na

---

10. Viktor Frankl (1905-1997), neurologista e psiquiatra austríaco, fundador da logoterapia e análise existencial. Em ...*trotzdem ja zum Leben sagen – Ein Psychologe erlebt das Konzentrationslager* (*Dizer sim à vida, apesar de tudo – Um psicólogo no campo de concentração*) ele descreve suas experiências nos campos de concentração alemães.

vida. Então eu pergunto: "O que o comove?" Às vezes, eu me assusto quando a pessoa me responde: "Nada. Nada me comove. Nem a música, nem a arte, nem a poesia, nem a natureza". Existem pessoas que não se comovem nem com a sexualidade. O que aconteceu com essas pessoas? Por que elas estão tão separadas da vida? Quando converso com elas sobre experiências com Deus, eu sempre pergunto: "Onde você se sente vivo?" "Em que áreas você permite ser tocado e comovido?" Quando alguém me responde: "Não existe nada que me comove", percebo que se chegou a um limite. Quando alguém não se deixa comover por nada não posso lhe transmitir uma experiência de Deus.

Percebo que a falta de comoção, a cegueira emocional e a incapacidade de sentir estão aumentando muito. Existem muitos estímulos, impressões e influências – ofertas de sentido – em nosso tempo, mas uma grande quantidade de pessoas não sabe no que pode confiar. Não vivemos num tempo sem sentido; somos praticamente bombardeados por ofertas dele. Mas estamos completamente desorientados, não sabemos qual sentido realmente nos sustenta, o que realmente é importante. "O que devo escolher?" "Qual o caminho que devo seguir?" "Que profissão devo escolher?" "Qual é a minha missão?" "Com quem devo me envolver?" Tudo isso tem consequências.

Nossa cultura moderna parece incentivar uma variante específica da história humana, isto é, a história do progresso e avanço constante. Esse caminho, porém, pouco se interessa pelo bem-estar comum e se orienta mais pela vantagem pessoal e pela concorrência, que marginaliza e explora outras pessoas e os fundamentos naturais de nossa vida. Nessa corrida, o perigo de perda e separação é muito grande: perdemos o contato com a natureza, nossa preocupação com os outros e o senso do sagrado, e não conseguimos aceitar qualquer tipo de imperfeição. Não somos capazes de amar alguém ou alguma coisa que não conseguimos controlar. – Como podemos escapar desse pensamento limitado e adquirir uma visão aberta para a abundância e o todo da vida?

ANSELM GRÜN

Um perigo são as imagens e expectativas exageradas: preciso ser sempre perfeito, preciso estar sempre no controle de tudo, preciso ser sempre "legal". Isso provoca a rebelião da alma. Daniel Hell[11] diz em relação a isso: "A depressão é, muitas vezes, o grito de socorro da alma contra essas imagens excessivas".

O medo de limitação ou de decisão também tem influência sobre isso. Hoje existem possibilidades demais, e uma decisão é sempre uma decisão contra algo e em favor de algo. Muitas pessoas têm dificuldade nesse sentido. Querem ter tudo. De repente, todas as portas se fecham e elas ficam sem nada. Jesus diz: "Passe pela porta estreita para que a sua vida se torne ampla". De tanto medo de limitar ou restringir sua vida, muitos acabam não fazendo nada. No entanto, a vida só acontece por meio da autoentrega. Porém, essa autoentre-

---

11. O psiquiatra e terapeuta suíço Daniel Hell (nasc. 1944) é diretor do Centro de Competência "Depressão e Medo" na clínica particular Hohenegg, em Meilen, perto de Zurique.

ga atualmente tem má reputação. As pessoas preferem observar, controlar tudo. No entanto, só podemos ter uma vida bem-sucedida se nós nos entregarmos e nos limitarmos. Ou seja: quando eu me limito a vida se torna ampla. Johannes Tauler[12] expressou isso de forma linda: "Cada caminho passa por uma garganta". – Hoje, a experiência que se faz é esta: seguimos um trilho específico. De repente nos deparamos com uma passagem estreita e pulamos para outro trilho, até nos depararmos novamente com uma passagem estreita, e pulamos para outro trilho. Assim, nunca atravessaremos uma passagem estreita ou um túnel, e a vida nunca se tornará mais ampla. Permaneceremos sempre no provisório. Queremos controlar tudo, mas com o foco voltado para o controle jamais alcançaremos a vida.

DAVID STEINDL-RAST

Talvez a razão de tudo isso seja a nossa individualização. Isso poderia ser uma das causas da alienação; não só dos outros, mas também de nós mesmos e do divino. Mesmo assim, penso que ela também tem seu lado positivo. Necessitamos de séculos para descobrir, cultivar e defender nossa autonomia. Numa viagem conheci uma cultura na qual as pessoas não possuem autonomia igual à nossa; não podem tomar decisão sozinhas. Sempre é

---

12. Johannes Tauler (1300-1361) era frade dominicano, pregador e místico. Juntamente com Mestre Eckhart e Heinrich Seuse, é considerado um dos três representantes mais importantes da espiritualidade dominicana alemã da Baixa Idade Média.

a família ou a tribo que decide. Aí eu percebi como é valioso o tesouro da nossa individualidade e autonomia. Hoje, porém, chegamos a um ponto em que perdemos a medida. Creio que as coisas precisem piorar ainda mais até entendermos como a nossa situação está séria. Ignoramos o contrapeso necessário: os vínculos com os outros. O que nos falta é o relacionamento. Na verdade, eu alcanço o grau mais alto de minha realização quando construo relacionamentos amplos e profundos. Quanto mais relacionamentos eu tiver, mais eu me torno eu mesmo. No entanto, o preço que pagamos pela nossa autonomia foi a extinção de relacionamentos. Agora nos encontramos no limiar de um tempo em que, por um lado, devemos perder o mínimo possível da autonomia que conquistamos e, por outro lado, necessitamos reconstruir relacionamentos que enriqueçam nossa vida. Isso não é somente possível, como também necessário. Quanto mais voltarmos a nos inserir em relacionamentos, maior será nossa autonomia. No entanto, parece-me que poucas pessoas reconhecem isso.

ANSELM GRÜN

C.G. Jung afirmou: "Jesus individualizou o ser humano. Ele disse: 'Siga a sua voz'. 'Deixe que os mortos enterrem os mortos'. 'Siga seu caminho'". – Visto assim, esse impulso de singularidade e autonomia é um impulso cristão.

Também há o aspecto de medo da autoentrega. Os psicólogos afirmam que nós não só perdemos o relacionamento com os outros, mas também conosco mesmos.

A doença do nosso tempo é a ausência de relacionamentos. Não me relaciono nem comigo mesmo nem com as coisas, e então espero tudo do meu relacionamento com os outros. Assim, também não posso estabelecer relacionamento com Deus. Nesse sentido há perguntas importantes que devemos nos fazer: "Como posso viver em relacionamento?" "Como posso senti-lo?"

O terceiro aspecto é este: seguir o próprio caminho; cada caminho é singular, e não podemos perder isso. Os primeiros monges fugiram de um clã que era muito limitado e restrito. Para eles, isso foi um caminho de libertação, pois na época não existia a possibilidade de decidir; tudo era predeterminado. Quando um homem abandonava o clã e ia para o deserto como monge, seguia seu próprio caminho, enquanto os outros continuavam no caminho que lhes era imposto. Mas os monges não se contentaram em fugir. Eles se entregaram a algo maior, encararam totalmente o desafio de Deus. Para São Bento, a entrega a Deus ocupa o mesmo nível que a entrega à comunidade e ao trabalho.

Hoje em dia vejo muitos jovens que, com medo da "síndrome do fósforo queimado" (*Burnout*), não se entregam ao trabalho. Nesse sentido, São Bento vincula a entrega à oração e a entrega ao trabalho: *ora et labora*. Entregar-se ao ser humano e entregar-se ao trabalho ao mesmo tempo fazem parte da espiritualidade.

Ursula Nuber[13] escreveu o livro intitulado *Die Egoismus-Falle* (A armadilha do egoísmo). Nele, fala desta

---

13. NUBER, U. *Die Egoismus-Falle* – Warum Selbstverwirklichung so oft einsam macht. 4. ed. Zurique, 1994.

reivindicação de Jesus: Amarás o próximo como a ti mesmo. Antigamente via-se apenas o próximo; hoje corre-se o perigo de ver apenas a si mesmo, e isso pode levar ao isolamento.

DAVID STEINDL-RAST

"Amarás o próximo como a ti mesmo" é, na minha opinião, uma tradução errada. Na tradução correta do hebraico o texto diz explicitamente – e eu investiguei isso várias vezes: "Amarás o próximo como tu mesmo". No hebraico é possível dizer "como a ti mesmo", mas o autor evitou fazê-lo. O texto diz explicitamente: "como tu mesmo". Existe um único *self*, e este você compartilha com seu próximo. Amar significa "dizer sim, *viver* o sim do relacionamento". O *self* é aquilo do qual, querendo ou não, fazemos parte. O importante é reconhecer e experimentar que existe um único *self*, que se expressa em muitos "eus". Todas as grandes tradições espirituais descobriram isso. O hinduísmo o chama de "Atman"; o budismo, de "natureza de Buda" ou de "face que possuístes antes de nascer"; o cristianismo, de o "*self* de Cristo". "Cristo vive em mim", diz Paulo. Ele está falando desse *self*. As grandes tradições conhecem isso.

"Amarás o próximo como tu mesmo" significa: saiba que seu próximo e você são um. Diga sim ao fato de que você faz parte desse *self*. Seu eu e o eu do seu próximo são duas expressões diferentes desse *self* uno. Talvez poderíamos dizer: os inúmeros "eus" existem porque o grande *self* uno é tão inesgotável que ele sempre procura se expressar de forma nova em cada um de nós. Isso é muito importante também para a nossa vida pessoal. Vivemos como "eu". Meu "eu" ainda não tem 90 anos, e ninguém sentia falta dele. Em algum momento ele surgiu. E em algum momento – já não muito longe – ele não existirá mais. Mas o *self*, o *self* está além do tempo. Quanto mais eu valorizar o *self*, mais eu mesmo me elevo acima do tempo que passa. O *self* não está no tempo. É assim que eu expressaria isso.

ANSELM GRÜN

A minha visão não é a do budismo, na qual a pessoa se dissolve completamente. Acredito que no cristianismo a pessoa permanece única, mas que, no fundo, nós somos um com o outro. Esse *self* como o seu *self* significa para mim que a natureza do ser humano é a mesma e que, por isso, nós podemos nos reconhecer no outro ou – como você disse – reconhecer "Cristo em nós" ou a "natureza de Buda" – eu entendo isso. Porém, C.G. Jung afirma que nós devemos alcançar o *self* por meio do eu. No *self* Deus está sempre presente; o ser mais profundo está presente.

4
Ego, medo e o nada
Ou: A aventura da descoberta do *self*

Na história do cristianismo o amor-próprio foi denunciado durante muito tempo e de muitas formas. As pessoas ignoravam o fato de que o ser humano precisava ter ou adquirir um eu, ou seja, ter uma consciência de si mesmo para poder abrir mão dele e descobrir o *self*. Portanto, é importante ter um ego e ter consciência dele. Apenas então poderemos e deveremos deixá-lo para trás.

ANSELM GRÜN

Em primeiro lugar, o ego sempre estará presente. C.G. Jung afirma: "Na primeira metade da vida é importante desenvolver um ego forte; na segunda metade da vida o que importa é o *self*". Mas isso não significa que o ego desaparece completamente. Jesus diz: "Renuncie a si mesmo". Isso significa: distancie-se de seu ego; liberte-se dele. No entanto, tenho minhas dúvidas quando alguém diz em seu caminho espiritual: "Estou completamente livre do meu ego". "Sou apenas eu mesmo". O perigo é que esse tipo de afirmação incha seu próprio ego, levando-o a se sentir especial e a se elevar acima dos outros.

DAVID STEINDL-RAST

Creio que estejamos usando três conceitos: *self*, eu e ego. No momento estamos operando com apenas dois conceitos: o *self* e o ego. Creio que seja mais útil dizer: O *self* se expressa por meio do eu. Às vezes usamos a palavra "eu" e às vezes, quando queremos ressaltar algo, dizemos "eu mesmo". Isso é algo totalmente positivo: eu mesmo. Porém, pode levar o eu a ter medo, porque passa a ser apenas um pequeno eu isolado entre muitos outros eus. Desse medo surge o ego. No momento em que o eu esquece o *self* ele se sente diminuído – chamo isso de ego. O que caracteriza o ego é o medo. Do medo surgem agressão, concorrência e avareza. O medo de que possa não haver o bastante, o medo de que alguém possa roubar algo de mim, me torna avarento. A concorrência surge do medo de que alguém possa chegar antes de mim. Agressão, concorrência e avareza são típicas do ego, porque ele se esqueceu de seu *self*. No momento em que o eu volta a se lembrar do *self*, ele não precisa mais ter medo, porque todos nós somos um único *self*, expressões diferentes do *self* uno. Quando deixo de ter medo não preciso mais da violência e da rivalidade; passo a respeitar o outro e estou disposto a trabalhar com ele. Posso compartilhar, pois todos nós fazemos parte do mesmo. A consciência da nossa união no *self* transforma tudo de forma radical.

Ou seja: talvez possamos nos encontrar em um discurso que fala sobre o *self* que se expressa no eu, em muitos "eus" diferentes e singulares e que vê o ego apenas como forma distorcida do eu; como o esquecimento do *self*, um esquecimento de quem realmente sou.

ANSELM GRÜN

Bem. Eu vejo o ego de duas maneiras. Existe o ego egocêntrico, que se esquece do *self*. Mas existe também o ego como estímulo. Por exemplo: quando faço uma homilia, é evidente que eu quero ser permeável ao Espírito de Jesus. Mas o ego também participa, pois quero fazer uma homilia boa. Isso é um estímulo. No entanto, preciso fazer com que o ego seja permeável. O ego não é marcado exclusivamente pelo medo; ele é dominado pelo medo quando eu giro apenas em torno do meu ego e me vejo obrigado a defendê-lo. Mas o ego é também um estímulo, que precisa sempre estar permeável. Nesse sentido, preciso me distanciar constantemente do meu ego e dizer: "Não, eu não sou o centro de tudo. O que importa é algo maior".

DAVID STEINDL-RAST

Concordo plenamente com você; eu apenas o expresso de forma um pouco diferente. Precisamos de um termo para o negativo, e eu o chamo de "ego". Eu chamaria o outro de minha "consciência do eu" correta, uma consciência de minha singularidade, dos meus interesses, dos meus talentos, também das minhas dificuldades. Se

Helen Keller[14] não tivesse sido cega, jamais teria se tornado uma grande professora. Concordo com você: Precisamos desse estímulo, desse impulso. Precisamos reconhecer isso. O eu permeável para esse estímulo é, no sentido pleno da palavra, autoconsciente.

A diferença que tenho constatado entre os dois gira em torno do conceito do *self*. Em suas palavras, Monge David, eu ouvi que, no fundo, todos nós somos um único *self*, enquanto o Padre Anselm afirma que existe uma diferença entre o ego e o *self* – o *self* é ainda o meu *self* –, mas ao conscientizar-me do meu *self* posso entrar em contato com o *self* do outro. Existe uma conexão no *self*, enquanto no ego existe uma separação. Entendi isso corretamente?

ANSELM GRÜN

Sim, eu identificaria o *self* como centro, onde sou um e estou conectado aos outros. Mas novamente gostaria de nos descrever como aquela imagem singular de Deus; dizer que cada ser humano é uma imagem singular, que cada ser humano expressa Deus de forma singular, e isso se aproxima de sua visão. Cada um é uma imagem singular de Deus, mas cada um expressa Deus. E você também diz isso: cada um expressa o *self*. E o *self* é, no fim das contas, a imagem divina dentro de nós.

---

14. Helen Keller (1880-1968) era uma escritora norte-americana cega e surda. Ela descreve suas experiências em: *Mein Weg aus dem Dunkel – Blind und gehörlos, das Leben einer mutigen Frau, die ihre Behinderung besiegte*. Berna/Munique, 1997.

David Steindl-Rast

Sim, o *self* é o *self* divino. Mas gostaria de ir um pouco mais fundo. Você mencionou isso rapidamente: quando eu me encontro, encontro também Deus. O que você quis dizer com isso?

Anselm Grün

Quando pergunto: "Quem sou eu?", minha busca me levará não só à minha biografia, à minha infância e todo o resto. "Quem sou eu?" – Esse "eu" é, no fundo, um mistério que não posso descrever, assim como também não posso descrever Deus. A proibição do Antigo Testamento de fazer uma imagem de Deus também vale para o eu. Eu disse que Deus tem uma imagem de mim, mas não consigo descrever essa imagem. Jesus diz no Evangelho de São Lucas, depois da ressurreição: *"Ego eimi autòs"* – "Eu sou eu mesmo" (Lc 24,39).

Os exegetas costumam ignorar isso, mas *autòs* (*self*) é para a filosofia estoica o Santo dos Santos do ser humano. Às vezes instruo as pessoas a repetirem a cada oportunidade: "Eu sou eu mesmo". Isso me permite perceber rapidamente quantas vezes eu não sou eu mesmo, quantas vezes exerço apenas um papel para me impor. Eu sou eu mesmo quando medito continuamente sobre isso; eu me deparo com o divino, mesmo que não consiga descrevê-lo. Tenho apenas uma noção.

Somos um mistério para nós mesmos. Eu dou um passo além com a ajuda de Martin Buber[15] e Ferdinand Ebner[16]: por meio de você eu sou eu assim. O poeta norte-americano E.E. Cummings diz: "I am through you so I". – No mesmo instante em que eu digo "eu", pressuponho um você. E isso não é um conglomerado dos muitos "vocês" que eu encontro ao longo da minha vida; meu Grande Você não é uma generalização desses muitos vocês, ele os antecede e os transcende. Também podemos reconhecer isso no fato de que, no fundo, nenhum encontro nos satisfaz completamente. Talvez nos satisfaça durante alguns instantes; mais cedo ou mais tarde, porém, esse você morre. O que nós procuramos é um você supratemporal. E este é justamente o você divino. Nós jamais o encontramos plenamente realizado nesta vida.

Como se manifesta essa nossa procura por um você supratemporal divino? – Imagine um agnóstico dizendo: "Do que é que você está falando? Eu não sinto nada disso". Para um agnóstico isso é nada mais do que uma alegação.

---

15. Martin Buber (1878-1965) era um filósofo da religião, de naturalidade austríaco-israelense. Ele apresenta sua abordagem dialógica em sua obra mais importante: *Ich und Du* [Eu e você]. Stuttgart, 2008.

16. Ferdinand Ebner (1882-1931) era um filósofo austríaco, que, juntamente com Martin Buber, é considerado o representante mais importante do pensamento dialógico. Livro: *Das Wort und die geistigen Realitäten* – Pneumatologische Fragmente. Viena, 1952.

David Steindl-Rast

Basta dizer "eu" para pressupor um "você". Cada ser humano que se entenda como um eu precisa de um você. Poderíamos perguntar-lhe: "Você já encontrou esse você plenamente realizado?"

Anselm Grün

Creio que eu chegaria ao mesmo resultado vindo de um outro ponto de partida. Cada ser humano deseja amar e ser amado. Nesse caminho fazemos experiências de satisfação e decepção, de encanto e ferimento. Jamais alguém me amará de tal forma que seu amor me satisfará para sempre. O objetivo é não só amar e ser amado por meio da satisfação e decepção, mas também ser amor e tornar-se amor. No fundo da minha alma eu descubro a fonte do amor, que é Deus.

Evidentemente, alguém poderia objetar: "Isso é ilusão. Nós desejamos isso, mas na realidade esse amor puro não existe". Eu responderia com uma experiência que uma mulher compartilhou comigo certa vez: "Eu estava meditando, e de repente eu era amor. Não era um amor por uma pessoa específica. O amor simplesmente fluiu de mim, para dentro do quarto, para as flores, para os animais, para as pessoas, para a natureza lá fora". Às vezes temos experiências de união desse tipo. Mas quem nunca experimentou esse tipo de união tem dificuldades de entender isso.

Isso me basta. É uma experiência convincente. Creio que eu daria a mesma resposta ao agnóstico: "Se você ainda não conseguiu ver isso, não precisa aceitá-lo. Espere até experimentá-lo. Isso não é uma declaração dogmática que tentamos impor a você. Queremos apenas dizer: 'Milhões de pessoas fazem essa experiência. Você também pode fazê-la. Basta se abrir para ela'".

Encontrei ainda outro caminho para comunicar essa dependência de um você divino: podemos nos conscientizar de que nós não experimentamos a vida como uma sequência de eventos, mas como história de uma vida. Isso se deve ao fato de estarmos constantemente contando a nossa história a um você. Mas jamais encontramos esse você, ao qual contamos a nossa história, realizado plenamente no tempo e no espaço. Mesmo quando tentamos comunicar ao nosso melhor amigo a nossa experiência mais profunda ele jamais a entenderá plenamente. Ela parece ter sido reservada para o nosso você eterno.

Isso me faz lembrar de uma experiência com Henri Nouwen[17], um homem que eu conheci bem. Ele viajava muito e estava sempre cercado por um grande número de alunos, que o amavam e veneravam. Era a época dos diapositivos. Nas viagens, as pessoas fotografavam

---

17. Henri Jozef Machiel Nouwen (1932-1996) era padre católico apostólico romano, psicólogo e escritor espiritual dos Países Baixos. Autor de numerosas obras, como, p. ex.: *Ich hörte auf die Stille* – Sieben Monate im Trappistenkloster. Friburgo, 1997.

e, quando voltavam, projetavam as fotografias sobre a parede ou uma tela para mostrar suas lembranças.

Depois da apresentação de 30 fotografias, alguns alunos começavam a se entediar. Por isso, Nouwen dizia às vezes: "Eu já sei como será quando eu chegar ao céu. Deus dirá: 'Henri, é você! Mostre-me suas fotos!'" – Todos nós desejamos isso. Todos nós temos saudades do Grande Você, que deseja ouvir nossa biografia e também a compreende.

5
O que desejamos irradiar?
Ou: Sobre a vocação, a coragem e o medo

"Quem sou eu?" "O que devo fazer?" "Por que o mundo ainda precisa de mim?" – São principalmente as pessoas na primeira metade da vida que fazem essa experiência: "A 'torre da minha vida' está construída". A vida segue seu rumo. "Existe algo mais?" Trata-se de perguntas pela vocação real, que agora voltam a surgir: "O que me chama?" "Como consigo ouvir esse chamado e segui-lo?" "Como posso me abrir ao chamado, de tal forma que seja capacitado a segui-lo?"

ANSELM GRÜN

A vida de cada um deixa um rastro neste mundo. Você não precisa fazer algo grandioso: levanta-se todas as manhãs; fala com as pessoas; tem uma aura. O que você deseja irradiar? Amargura, insatisfação, solidão, ou compreensão, calor e amor? Isso não exige um desempenho extraordinário; acontece simplesmente pela forma como se vive a própria vida. A física quântica nos ensina que tudo está interligado; o rastro que eu deixo também marca o mundo. O segundo ponto é: "Qual é a minha missão?" "Qual é o meu chamado?" "Eu sinto algo nesse sentido?" O chamado não precisa ser extraordinário: a paternidade; a profissão; criar uma rede social entre as pessoas, em cujos círculos se movimenta. Alguns podem ter um chamado especial: ir para a África ou para qualquer outro lugar. Mas não precisa sempre ser algo grande. Na língua alemã não usamos a palavra "emprego", mas *"Beruf"* (profissão); uma palavra derivada da palavra *"Berufung"* ("vocação"). Uma profissão pode ser um chamado. Estes são os dois caminhos: (1) viver a própria vida e deixar um rastro na esperança que fará do mundo um lugar um pouco mais claro, e (2) uma profissão que tenha a ver com vocação. Certa vez uma mulher que sofria de depressão me disse: "Que rastro posso deixar no mundo? Eu não consigo lidar nem comigo mesma". Eu lhe disse: "Ninguém espera que você deixe um rastro de alegria. Mas se você aceitar a sua depressão, poderá deixar um rastro de mistério, algo que mostra que sua vida é mais profunda, e, embora tenha um lado sombrio, tem também um rastro de esperança". Isso é importante: Que rastro pretendo deixar? O segundo ponto é a vocação, o chamado externo.

DAVID STEINDL-RAST

Isso faz muito sentido para mim. Em minha própria experiência encontrei três perguntas simples que preciso fazer a mim mesmo quando não sei que decisão tomar diante de questões pequenas ou muito importantes.

A primeira pergunta que faço é: "O que me deixaria feliz?" Isso revela o que há de melhor e de mais singular dentro de mim. O que realmente me deixaria feliz?

A segunda pergunta (nesse mesmo contexto daquilo que me deixaria feliz): "Quais são os meus talentos?" É incrível como determinadas pessoas desejam algo para o qual não possuem qualquer talento. Querem fazer algo, mas não possuem esse dom. Eu, por exemplo, adoraria andar de patins. Imagino isso como algo divino: deslizar sobre o chão. Às vezes, sonho com isso. Mas não tenho esse dom. Então, o que realmente me deixaria feliz e o que sei fazer? Por fim, a terceira – e mais importante – pergunta: "O que a vida me oferece?" E aqui entra em jogo a vocação. A vida me chama para algo, me oferece essa oportunidade que preciso aproveitar. O que importa é colaborar com aquilo que a vida misteriosa e sempre surpreendente oferece a cada instante.

Para fazer essas perguntas é preciso primeiramente sair do "modo do medo". Muitas pessoas permanecem atoladas em uma trilha de atividades que não funcionam mais porque são impulsionadas pelo medo: "Se algo diferente se revelar por trás disso, algo que realmente me chama, eu teria de abrir mão de outras coisas. Talvez isso provoque a destruição de algo que eu construí na minha vida. E eu não consigo lidar com isso" – seja a perda de segurança material ou de um relacionamento. A maior inimiga da liberdade e de seu chamado é o medo, que nos diminui. Quais são as suas experiências nesse campo?

ANSELM GRÜN

Trata-se do medo da limitação e do medo de abandonar determinados hábitos. Muitos se acomodaram em sua vida. Querem fazer algo, talvez ir para a África em algum momento; mas para isso teriam de sacrificar as férias ou ficar longe dos amigos. Eles se acomodaram e se acostumaram tanto com seus hábitos que, apesar de terem o desejo de fazer algo, não estão dispostos a abandonar suas práticas. Pois uma decisão em prol de algo também é uma decisão de abrir mão de outras coisas, de hábitos ou relacionamentos. Vejo aqui um medo. As pessoas se acomodaram em sua vida e pensam que tudo isso é necessário. Elas sonham com grandes coisas. Porém, quando lhes perguntam: "O que a deixaria feliz?", lembram-se das pequenas alegrias que não querem desistir em prol de uma alegria maior.

DAVID STEINDL-RAST

Acho útil diferenciar medo de temor. Medo é resultado de aperto, de limitação; é algo inevitável na vida e, de alguma forma, está vinculado à lembrança do canal apertado do parto. Isso faz muito sentido para mim, pois minha mãe teve um parto terrível comigo que, como me disseram, durou quase dois dias. Inconscientemente, esse medo ainda está dentro de mim. Saí primeiro com a mão direita – horrível.

Nós nos deparamos muitas vezes com situações de aperto na vida, isso é inevitável. Mas temor significa revoltar-se contra esse aperto. O que se opõe ao medo é o temor: "Não quero ter medo". A coragem também está ligada ao medo; não podemos ser corajosos se não sentirmos medo. Mas a coragem aceita o medo; quando somos corajosos temos medo, mesmo assim não nos entregamos a ele. Sim, estou num aperto e preciso atravessá-lo para reencontrar a liberdade. Isso é coragem.

Por isso, considero importante diferenciar medo de temor. Mas como podemos vencer o temor quando temos medo? Minha resposta é: Todo temor é uma coisa só. Se conseguirmos superar o temor um pouco aqui e um pouco ali, começamos a vencê-lo em sua totalidade. Mas precisamos nos expor ao medo na medida em que aguentamos. Aprendemos isso já em nossa infância. Quando, por exemplo, nossos pais nos mandavam buscar algo no porão escuro, pudemos fazer a experiência de que nada daquilo que temíamos aconteceu. Trata-se, portanto, de superar o temor em pequenos gestos, aprendendo a aceitar o medo na medida em que conseguimos suportar. Dizemos: "Sim, reconheço que estou com medo, mas isso não me tirará a coragem". O fato de que o temor é uma resistência ao medo é uma descoberta que pode nos ajudar. "Não temas!" significa: "Tenha coragem e aceite o medo".

ANSELM GRÜN

Quando converso com as pessoas, muitas vezes me deparo com o medo de passar vergonha, de cometer erros, o medo de ser rejeitado ou de fracassar. São imagens específicas que temos. Nesse caso, o medo seria um convite para mudar minha postura: não preciso ser amado por todos; não preciso ser perfeito. O medo me convida para ser humano com todas as minhas limitações.

Preciso reconhecer que a imagem do aperto, da falta de espaço não se aplica muito bem a esse campo. Talvez poderíamos dizer: sempre que somos confrontados com o medo sentimos um aperto no peito. Nesse caso, sentimos o aperto do medo no próprio corpo. Ousadia ou coragem significa não se entregar a esse sentimento. Quando digo: "Não consigo fazer tal coisa", isso me diminui em todos os casos que você mencionou. Sinto-me encurralado; eu recuo, em vez de atravessar o aperto e encontrar o caminho para a liberdade. "O aperto, a estreiteza é o caminho", diz Kierkegaard.

Hoje também há uma pressão que parte das grandes ofertas de liberdade. Vemos isso, por exemplo, na "sociedade da autorrealização", cujo imperativo é: "Você precisa se autorrealizar! Sua vida é um projeto, e você precisa alcançar algo". O fundamento desse imperativo é a ideia de que a vida é a última oportunidade. Marianne Groenemeyer escreveu um livro sobre isso[18]. Esse imperativo contém uma ameaça escondida: "Se você não aproveitar o presente e não fizer algo com sua vida, você perdeu e se tornou supérfluo"[19]. Esse *carpe diem* (aproveite o dia) extremo pode levar alguns a um grande desespero. Essa obrigação de autoaperfeiçoamento[20] é extremamente cansativa, sendo que esse tipo de

---

18. GROENEMEYER, M. *Das Leben als letzte Gelegenheit* – Sicherheitsbedürfnisse und Zeitknappheit. Darmstadt, 2008.
19. Cf. o ensaio TROJANOW, I. *Der überflüssige Mensch* – Unruhe bewahren. Viena, 2013.
20. Cf. SLOTERDIJK, P. *Du musst dein Leben ändern*: Über Anthropotechnik. Frankfurt a. Main, 2009.

pressão talvez seja uma das razões pelas quais tantas pessoas sofrem de esgotamento psicológico. Vocês conhecem algo que possa diminuir essa pressão, essa obrigação de realizar algo e de se aperfeiçoar?

ANSELM GRÜN

A expectativa-obrigação de ser sempre perfeito gera medo. Passo a viver constantemente com medo; não consigo cumprir as expectativas; meu projeto não é bom o bastante. Por isso, apresento-me melhor do que realmente sou. O medo mostra-me as expectativas exageradas da vida, pois o meu projeto não precisa ser o melhor. Muitos, porém, se agarram a essa convicção desmedida, recalcando seu medo com o auxílio de remédios ou "espiritualmente". Mas isso não funciona. O medo só pode ser transformado com a modificação da postura pessoal: "Não preciso ter o melhor projeto do mundo inteiro".

Às pessoas que têm medo de sua mediocridade eu costumo dizer: "Você precisa se permitir o luto por ser como realmente é; por não ser o melhor do mundo. Você precisa atravessar a dor e dizer *sim* a si mesmo". As imagens excessivas geram medo, e muitos querem se agarrar a essas imagens e ao mesmo tempo se livrar do medo. Infelizmente, isso não funciona. Só posso superar o medo se eu me despedir dessas imagens, pois ele é um convite para me despedir das imagens exageradas.

Gosto desta expressão: "Transformar o medo". A coragem transforma o medo; a coragem não resiste a ele, mas o transforma, modifica a pedra de tropeço em um degrau. No contexto da pergunta pelo sentido, isso significa para mim: "O que importa é a oportunidade que me é oferecida agora. Como lido com ela?"

Nós queremos encontrar sentido para tudo. Muitas vezes, porém, não distinguimos entre propósito e sentido. Falamos em propósito quando queremos algo e precisamos trabalhar para isso.

Um jogo, uma brincadeira, porém, tem sentido, mesmo que não precisemos alcançar nada. Não dançamos para alcançar uma meta; cantamos uma música apenas por cantar. Não existe um propósito como ponto-final.

A distinção entre sentido e propósito nos oferece um ponto de vista favorável para avaliar a postura que você acaba de descrever. Brincamos com a vida. Quando ela tem sentido não precisamos de um propósito. Mas também temos muitos propósitos na vida, e, assim, precisamos dar sentido a eles. Fazemos isso desenvolvendo uma postura de brincadeira ao lado da postura de trabalho. Quando conseguimos trabalhar brincando, o trabalho adquire sentido. Enquanto ele permanecer apenas trabalho, não passa de labuta.

Quero falar ainda de uma dimensão que já foi mencionada anteriormente: a relação entre ego e *self*. O que nos causa tanto medo quando estamos presos a ele? O que é isso?

David Steindl-Rast

O eu também tem medo, mas o ego é caracterizado pelo fato de ter temor; quando se teme algo, quem fala é o ego. O ego teme porque se sente isolado; porque esqueceu de seu relacionamento com o *self*. Então, ele começa a diminuir, e o eu se transforma em ego; porque acredita estar só, tem medo: "Todos os outros me ameaçam". "Preciso me preparar para a luta da vida". "Não existe o suficiente para todos". "Como posso avançar?" "Preciso derrubar os outros e acumular o que eu puder". Essas posturas são recorrentes em nossa sociedade.

Anselm Grün

Ou o ego procura sempre impressionar e tem medo de não conseguir causar uma impressão suficientemente grande. Ele sempre procura reconhecimento e confirmação; fama e atenção. Meramente coisas externas.

O filósofo Martin Heidegger distingue entre o *self* "verdadeiro" e o *self* "não verdadeiro"[21]. Trata-se da vida autêntica. Ou seja, livrar-se do "impessoal": o que se pensa, o que se faz etc. Trata-se, portanto, da autonomia ou independência: conseguir sobreviver sozinho. Isso significa, ao mesmo tempo, que eu preciso de algo em que possa me apoiar e de algo que me sustenta. O "impessoal" não me sustenta. Ele se transforma com o passar

---

21. Cf. HEIDEGGER, M. *Sein und Zeit*. Tübingen 2006. Heidegger contrapõe o "sempre meu" ao "impessoal" e procura por uma possibilidade de vida autêntica, de ser "si mesmo".

do tempo e com as posturas e modas coletivas. Preciso de algo mais profundo; caso contrário, não consigo ter autonomia.

DAVID STEINDL-RAST

Que expressão linda: "A vida verdadeira e a vida não verdadeira". Eu nunca a usei dessa forma, mas gostaria de adotá-la. O eu verdadeiro é o eu mesmo. E o não verdadeiro, o eu que, na verdade, não é eu mesmo, é o ego.

ANSELM GRÜN

Eu costumo diferenciar entre mudar e transformar. No âmbito esotérico existem hoje muitos projetos de mudança. Conheço pessoas que mudam a cada dez anos e, mesmo assim, permanecem as mesmas. Pois na mudança há sempre algo agressivo: "Preciso ser uma pessoa diferente". A mudança se orienta por grandezas externas: "Preciso ser igual ao meu vizinho, ser bem-sucedido como meu colega". A mudança sempre visa à imitação. Transformação significa: "Eu me respeito como a pessoa que me tornei". Tudo tem o direito de ser, mas a essência ainda não se manifestou. Quando falo em essência me refiro ao processo de tornar eu mesmo ou – em termos religiosos – de manifestar a imagem singular de Deus. O objetivo da transformação é permitir que a essência irrompa.

Existe uma linda história de um rabino que ilustra essa distinção importante. Um rabino ora: "Ó Deus, faz-me igual a Abraão". Deus responde: "Eu já tenho um Abraão. Eu quero você!"

6
Despedida de imagens infantis de Deus
Ou: Nos passos do mistério divino

Desde os primórdios da cultura as pessoas têm tentado entrar num diálogo com os poderes divinos. Vivenciaram a natureza como numinosa e interpretaram relâmpagos, trovões, terremotos, chuvas, inundações etc. como produto de uma dimensão divina que age por toda parte. Mais tarde, deram nomes a esses fenômenos naturais. Sacrificaram pessoas, animais e plantas a esses deuses. Temiam e veneravam esses deuses. Essas formas de religião de sacrifício, porém, também dividiram a humanidade e provocaram guerras. "Qual deus é mais forte? O meu ou o seu?" Em nome de determinado deus os seres humanos cometeram atos de violência e construíram estruturas de poder. Quais imagens de Deus são responsáveis por isso e quais imagens dele fortalecem as forças que afirmam a vida?

ANSELM GRÜN

Inicialmente os judeus também tinham seu deus da guerra, um deus mais forte do que todos os outros. Mais tarde, porém, isso foi espiritualizado dentro do próprio

Israel. Deus é o Deus de todas as pessoas; não é um deus tribal que eu possa usar para mim e para o meu povo. Deus é Pai de todos nós. Não precisamos apaziguar Deus; não precisamos ter medo dele; não precisamos temer que Ele nos prejudique. Considerar Deus como *tremendum* significa venerá-lo, ser abalado por Ele. No fundo, o medo de Deus, do "deus demoníaco", é o medo de mim mesmo, dos demônios em minha alma. Muitas vezes isso era projetado sobre Deus. Para mim, Deus é o Deus de todas as pessoas, um Deus que não pode ser instrumentalizado e que me liberta. Diante dele, tudo pode existir. Não preciso projetar qualquer coisa negativa sobre Ele. Minha experiência no acompanhamento espiritual me diz que a autoimagem e a imagem de Deus correspondem uma à outra. Quando alguém tem a imagem de um deus que castiga não adianta discutir com ele em nível teórico. Pergunto: "Por que você precisa castigar a si mesmo? Você tem tanto medo de sua própria psique, das tendências de sua alma? Você precisa exercer um controle tão grande porque sente muito medo?" Esse é o problema. Deus é aquele ao qual posso oferecer toda a minha verdade. Não preciso ter medo de qualquer coisa que possa existir dentro de mim, pois sou amado incondicionalmente.

DAVID STEINDL-RAST

Em minha opinião, a resposta à pergunta "Por que as pessoas castigam a si mesmas" tem a ver com o fato de que elas internalizaram o medo que alguém provocou nelas; identificam-se com alguém que provocou medo nelas. Volto então à questão inicial: creio que a representação da religiosidade passada, apesar de aceita por muitos, seja um equívoco. Os chamados "primitivos" que, por exemplo, adoravam o Sol, sabiam muito bem que ele é apenas uma imagem do divino, enquanto os antropólogos os acusam de terem adorado o astro como um deus. Não acredito na existência de "idólatras". Os idólatras são sempre os outros. Quando rezamos diante de Santo Antônio fazemos o mesmo como o hindu que reza a Ganexa. Talvez as pessoas prefiram rezar diante de uma estátua específica, mas isso não significa que elas adorem essa estátua. Encontramos isso já nos Salmos, essa demonização da imagem idólatra. Nosso desejo de fazer uma imagem é algo mais interno; o lado externo é evidente, que pode ser feito de madeira, pedra ou ouro. A imagem de Deus que temos internamente pode facilmente se transformar em ídolo, e ela continua sendo um ídolo enquanto nos agarrarmos a ela.

ANSELM GRÜN

Quando a Bíblia fala sobre o Deus que castiga, ela quer nos dizer algo. Não, porém, que Deus castiga aleatoriamente. Significa simplesmente: a vida é assim; o mundo é assim. Você não pode ter uma vida contrária à sua essência; o castigo é consequência da realidade.

Poderíamos dizer isso da seguinte forma: Quando falamos de Deus como juiz não deveríamos interpretar isso no sentido jurídico, mas no sentido de que Deus julga reestabelecendo a ordem?

David Steindl-Rast

Dizemos também: "O papai resolverá tudo". O que queremos dizer com isso é que Ele "resolverá tudo" ou "corrigirá tudo". Quando Deus se manifesta como juiz Ele julga para corrigir o mundo.

Anselm Grün

Sim, julgar pode significar "alinhar". O juízo pretende nos realinhar com Deus. Albert Görres[22] diz: "Precisamos estar atentos às imagens infantis. São imagens da nossa realidade, mas não podemos projetá-las sobre Deus e transformá-lo em um juiz mesquinho".

David Steindl-Rast

Antes você disse: "A vida é o grande mistério". Ela tem uma direção e "deseja algo", que nós podemos afirmar ou negar. É por isso que também podemos falar da vontade de Deus. A vida é a imagem mais adequada para o mistério que nós chamamos Deus. A tradição bíblica fala inúmeras vezes do "Deus vivo", do "Deus da vida".

Quando falamos do julgamento de Deus no sentido de "restabelecer a ordem", qual seria a justiça de Deus, na qual gerações de pessoas oprimidas têm confiado? Elas acreditam

---

22. Albert Görres (1918-1996), psicanalista e psicoterapeuta austríaco, é autor de numerosos livros. Entre eles: *Kennt die Religion den Menschen? – Erfahrungen zwischen Psychologie und Glauben*. Munique, 1983.

que Deus superará o mal que lhes causou tanto sofrimento. Milhões delas foram mortas e torturadas, entregues à fome, marginalizadas e esquecidas pelos poderosos, sendo lançadas no "lixão da história". Esse clamor dos desesperados não pode se calar. Eles querem que seu direito seja respeitado da melhor forma possível nesta vida; mas se isso não for possível, pelo menos na vida eterna.

ANSELM GRÜN

Os Salmos pedem que Deus restabeleça a justiça, e isso é muito importante. O filósofo judeu Max Horkheimer[23] diz: "Existe uma lei fundamental na alma humana segundo a qual os assassinos não podem triunfar sobre as vítimas". A imagem do juízo final confirma isso e pretende dizer: "Nenhum agressor pode se aproximar de Deus sem julgamento". Também o julgamento é a esperança de que cada um pode ser realinhado. Quando alguém permite ser realinhado, o agressor e a vítima podem voltar a conviver – se eles se realinharem com Deus. É necessário que ambos sejam realinhados e julgados para possibilitar o convívio. Muitos criticam essa postura porque acreditam que seria consolar a vítima com o além. Por isso, é importante reconhecer que os Salmos clamam por uma justiça no aquém, e que a Igreja precisa ser advogada ativa em defesa da justiça neste mundo. Ela

---

23. Cf. HORKHEIMER, M. [1895-1973]. *Die Sehnsucht nach dem ganz Anderen* – Ein Interview mit Kommentar von Helmut Gumnior. Hamburgo, 1970.

deve não só rezar pela justiça, mas lutar por ela. O juízo final também é apenas uma imagem de esperança...

DAVID STEINDL-RAST

...para os pobres! Uma imagem de esperança para os pobres e um terror para os ricos que usarem seu poder financeiro para oprimir, explorar e gerar injustiça; não porque têm muito dinheiro. Existem muitos ricos pobres e muitos pobres ricos. Krister Stendhal[24], um bispo luterano da Suécia e exegeta maravilhoso, sempre disse: "Quando as perícopes do juízo são lidas os pobres se alegram e os opressores tremem". Nada mais justo do que isso.

Diante de que deveriam tremer os opressores? Hoje em dia uma pessoa totalmente secularizada consideraria o juízo final um mero mito irrelevante. O que ela deveria temer?

DAVID STEINDL-RAST

A vida – e não algum deus assentado no céu que desce de vez em quando para castigar – permite apenas coisas que a afirmem. Uma pessoa que faz algo que nega a vida sempre tem consciência pesada, porque, como seres humanos, todos nós sentimos que a vida deseja justiça. Martin Luther King Jr. disse isso da seguinte forma: "A

---

24. Krister Stendhal (1921-2008) foi um teólogo luterano sueco, professor de Novo Testamento na Harvard Divinity School, especialista em Paulo e bispo de Estocolmo de 1984 a 1988.

extensão do arco da realidade moral é amplo, mas no fim ele se inclina para a justiça".

Quero aprofundar essa questão. Quando penso nas ditaduras militares, por exemplo, que existiam em quase todos os países latino-americanos entre 1965 e 1985, vejo que muitos generais e torturadores escaparam ilesos! Primeiro foram protegidos pela justiça. Talvez foram condenados quando já eram idosos, mas publicamente jamais demonstraram qualquer arrependimento ou morreram pouco depois. Sabendo quantas pessoas desapareceram na época, quantas foram torturadas e assassinadas, isso é como um soco na cara das vítimas, pois veem que seus carrascos não tiveram nem mesmo uma consciência pesada e até justificaram seus atos: supostamente protegeram seu país do comunismo.

ANSELM GRÜN

Quando alguém mata outra pessoa, sempre mata algo dentro de si mesmo. Não é possível ser injusto e escapar impune. Em algum lugar isso se vinga. Externamente pode até ser que fique impune e que se sinta vitorioso até na idade avançada. Mas sua alma está destruída. E em casos assim, o juízo final é, muitas vezes, a última esperança das vítimas de que ninguém chega impune a Deus, isto é, sem ser confrontado com a verdade. Encontramos essa tensão nos Salmos: "Por que os bons sofrem tanto, e por que os maus têm uma vida tão boa?" Essa é uma das perguntas fundamentais que os salmistas enfrentam. Mas eles dizem: "Você será justificado".

É esse sofrimento com a injustiça e a esperança de que Deus restabelecerá a justiça, o mais tardar no juízo final.

DAVID STEINDL-RAST

A resposta que você sugere à pergunta referente à injustiça significa que nossa visão é limitada, e eu concordo com isso. Existe algo dentro de mim – que espero poder superar – que clama: "Eles precisam ser castigados". Também há algo dentro de mim que se apoia no amor, pois o maior castigo – e, ao mesmo tempo, o maior presente – é mostrar-lhes a injustiça de seus atos e levá-los à conversão. É claro que não podemos demonstrar tal fato, mas sim esperar e confiar, porque isso condiz mais com a vida. Não sabemos o que acontece por ocasião da morte; um único instante pode conter toda uma vida. É possível que no momento da morte toda a sua vida desabe, que eles reconheçam o mal que fizeram e se arrependam profundamente de todos os males praticados. Creio que esse arrependimento se esconde nas profundezas do ser humano e que ele consegue atingi-lo facilmente. Quando o encontra, torna-se seu maior castigo e, ao mesmo tempo, sua conversão. Essa poderia ser a maneira como Deus julga.

Quero provocá-los mais uma vez: Como ditador, e também mais tarde como condenado, o general chileno Pinochet frequentou a Igreja Católica, recebeu a Comunhão e, provavelmente, não se sentiu mal fazendo isso?

Anselm Grün

Ele fez isso externamente. Como católico, sentiu-se no direito. Mas com certeza alguma coisa em sua alma estava danificada. Não é possível viver impunemente diante da verdade durante muito tempo. Em algum momento as rupturas internas se manifestam; no mais tardar no momento da morte, mesmo que se apresente externamente como pessoa correta. Ninguém pode se esquivar de sua verdade e se aproximar de Deus; ninguém consegue escapar da dor do insucesso. Karl Rahner[25] dizia: "Na morte, a alma tem pleno acesso a si mesma, e então reconhece toda a verdade. Aqui reconhecemos apenas parte da verdade. Quanto mais desperdiçamos nossa vida, mais dolorosa ela será. Ao mesmo tempo, existe esperança de conversão até mesmo para os injustos, mas certamente depois de se confrontarem com a dor e a verdade".

David Steindl-Rast

Precisamos deixar registrado que todos os exemplos mencionados aqui são escandalosos. Essa injustiça é inexprimível...

---

25. Karl Rahner (1904-1984) foi um dos teólogos católicos mais importantes do século XX e conselheiro no Concílio Vaticano II. Sua obra abarca numerosos livros e escritos, entre eles *Zur Theologie des Todes*, 1958.

E eu nem falei de Hitler, que marcou a nossa história na Alemanha e na Áustria, tampouco sobre Stalin e seus atos abomináveis.

DAVID STEINDL-RAST

Sim. Mas permita que eu retorne mais uma vez ao *self*, ao eu e ao ego. Uma imagem me parece útil: um dos *selfs* é como um manipulador de fantoches. Esse é nosso papel, que começa no momento de nossa concepção e termina com a nossa morte. Então o *self* abandona esses fantoches e o eu deixa de exercer um papel; o *self* reconhece o que se fez. Pode-se chorar ou rir em decorrência disso; é possível ser julgado e realinhado. É assim que eu consigo imaginar.

7
Equívocos fundamentais
Ou: Sobre a tentação de querer possuir a verdade

Falar sobre Deus é problemático em pelo menos dois aspectos. Um deles é quando acreditamos saber exatamente quem é Deus, o que Ele espera do ser humano e como a vida e a sociedade precisam ser realizadas de acordo com isso. Essa é a tentação fundamentalista. Aquele que acredita ser possuidor exclusivo da verdade sobre Deus tende a impor a sua noção a qualquer custo, também por meio da violência. O segundo modo problemático tem a ver com seu oposto: calar-se sobre Deus, ignorá-lo, negá-lo; simplesmente se esquivar da pergunta sobre Ele. Existe um terceiro caminho entre a tentação de possuir a verdade e a tentação de negar e excluir Deus?

DAVID STEINDL-RAST

Eu resumiria isso da seguinte forma: o terceiro caminho é a vivacidade autêntica. Os fundamentalistas não são vivos, pois a vida sempre flui, sempre surpreende. Os fundamentalistas se fecham totalmente diante desse fato. Os outros que simplesmente não se importam com a pergunta sobre Deus também não são vivos, pois se fecham diante da realidade mais profunda da vida, não a encarando em seu mistério. Quando vivemos realmente somos atentos ao mistério, mas reconhecemos ao mesmo tempo o caráter surpreendente da vivacidade, do Deus vivo.

Nem é necessário falar explicitamente de Deus nesse contexto. Muitas pessoas que usam o nome de Deus o tempo todo não falam sobre Ele, mas sobre seus próprios ídolos. Outras pessoas que não querem saber de Deus e que evitam o seu nome podem ser verdadeiramente religiosas. Ter fé não significa considerar algo verdadeiro ou usar o nome de Deus, mas confiar na vida. Quando confiamos na vida confiamos em sua fonte, que é Deus, a fonte divina da vivacidade.

Anselm Grün

Quando alguém afirma não acreditar em Deus, eu pergunto: "Em que deus você não acredita?"

Precisamos nos livrar de determinadas imagens de Deus. Você fala da vida; eu prefiro falar, com Karl Rahner, do mistério, que descreve algo maior do que nós mesmos, algo que não conseguimos compreender. Isso nos leva à beleza. Eu encontro o mistério quando ouço música; quando caminho pela natureza eu posso experimentá-lo. A capacidade de se maravilhar, de permitir que a beleza toque e comova é, para mim, indício de fé. Os fundamentalistas dividem a humanidade em pessoas que creem e em pessoas incrédulas. Cada um de nós crê e não crê; tem dentro de si mesmo o lado que exclui Deus. Mas a dúvida também faz parte da fé, ela a purifica. É preciso tentar não identificar Deus com as próprias imagens dele, mas sempre perguntar: "Quem é este Deus?" Precisamos ter imagens de Deus, caso contrário não poderíamos falar sobre Ele; mas ao mesmo tempo precisamos saber que Deus se encontra além de todas as imagens.

DAVID STEINDL-RAST

Assim como o medo faz parte da coragem, a dúvida também faz parte da fé. Certa vez Shunryu Suzuki[26] fez uma longa palestra sobre a fé. Na época eu era um jovem estudante e quase não pude acreditar que um mestre budista estava discorrendo sobre a fé. Ele falou sobre a confiança e sobre o fato de que o contrário da fé é o medo. Disse: "Não se preocupem se vocês tiverem medo. É como o contravento que vocês sentem quando andam de bicicleta. Parabenizem-se e tenham orgulho do fato de terem tanto medo, pois é a fé que provoca esse medo. Mas vocês podem superá-lo com coragem. Enquanto sua coragem for um pouquinho maior do que o medo, vocês podem saber que têm fé".

Quero voltar à sua palavra sobre as imagens de Deus, pois se trata de um ponto muito importante. Quando falamos de

---

26. Shunryu Suzuki (1905-1971) foi um mestre zen japonês, da vertente Soto. Suzuki popularizou o zen nos Estados Unidos e na Alemanha. Cf. seu livro *Zen-Geist, Anfänger-Geist*. 10. ed. Berlim, 2001.

ateísmo é possível que no fundo seja uma luta contra uma imagem de Deus que um ateu sincero não consegue aceitar. Sua razão considera inviável acreditar em determinada imagem de Deus. Podemos aprender muito de um ateu que tenha refletido profundamente sobre isso. Uma das grandes sabedorias da Bíblia me parece ser sua proibição de imagens, uma proibição que encontramos também no islamismo. A Bíblia mostra o perigo do equívoco e da ilusão que costuma acompanhar as imagens que os seres humanos fazem de Deus. De que formas podemos experimentar um Deus que transcende essas imagens?

ANSELM GRÜN

Quando converso com um ateu sempre pergunto sobre o que ele não acredita. Na maioria das vezes, sua imagem de Deus é mesquinha e muito limitada. Veem Deus como ente[27], não como ser, para usar a terminologia de Heidegger. O paradoxo é que Deus é um mistério que nos transcende. Mesmo assim, como cristãos, temos a coragem de nos dirigir a esse mistério como um "Tu". No entanto, Deus não é uma pessoa concreta que pode ser definida. Mas esse mistério incompreensível pode me

---

27. Na filosofia, a diferença entre *ser* e *ente* é chamada de "diferença ontológica" ou de "diferença ôntico-ontológica". Essa distinção provém da filosofia de Martin Heidegger. Em sua obra *Ser e tempo* o ser representa o horizonte de compreensão, dentro do qual nós interagimos com aquilo que existe no mundo. Ser é a precondição de todo ente. Normalmente, porém, o ser do ente é esquecido. Na discussão sobre aquilo que é dado, p. ex., não se fala sobre o fato de que aquilo que é dado exige um ato de dar e um doador.

tocar como um "Tu", falar comigo. Segundo Martin Buber, "Deus não é apenas a profundeza do ser. Ele também é o amor, a energia em nós e em tudo, e sempre mais do que isso". Nenhuma sentença sobre Deus pode fixar o mistério; antes, precisa mantê-lo aberto. Max Horkheimer diz: "As igrejas têm a tarefa de manter vivo o anseio pelo Totalmente Diferente. Assim elas dão uma contribuição importante para a humanização da sociedade, que apresenta traços totalitários, deseja dominar o ser humano por completo". Deus é aquele que nos permite respirar livremente, nos oferece um espaço em que não somos submetidos a um propósito. Hoje em dia tudo é determinado por fatores econômicos; vivemos uma totalização da economia. Deus é o espaço no qual podemos respirar.

A chamada "teologia negativa"[28] tenta dizer algo sobre Deus afirmando o que Ele não é. "Deus não é assim nem assado". Mas como podemos dizer que Deus não é de determinada forma? Preciso de uma experiência em que possa fundamentar esse meu (não) conhecimento.

---

28. "Teologia negativa" é um pensamento intelectual filosófico proveniente do platonismo sobre Deus ou o Uno. Esse pensamento considera todas as afirmações positivas sobre Deus (a descrição de Deus por meio de determinadas características; p. ex.: Deus como bom/verdadeiro/justo etc.) como inapropriadas. Justifica esse procedimento com o argumento de que qualquer afirmação positiva sobre Deus representaria uma transferência de experiências humanas para Ele, que simplesmente não podem corresponder à sua transcendência absoluta. Apenas afirmações negativas podem ser consideradas verdadeiras (p. ex.: Deus não é como...). O termo "negativo" não deve ser compreendido no sentido avaliativo.

Anselm Grün

Essa experiência só pode ser vislumbrada; ela é indescritível. Mesmo assim, esse indescritível, incompreensível representa uma experiência que me comove no íntimo. Os monges dizem: "Eu vejo, mas não vejo nada específico". Trata-se de um momento de iluminação como no budismo, de clareza interior.

David Steindl-Rast

No fundo, esta é a resposta à pergunta: "Por que os representantes de diferentes imagens de Deus se combatem". Eles não falam de sua própria experiência e visão, mas se baseiam de conceitos. Eles pensam que compreendem, mas aquilo que podemos compreender certamente não é Deus. Pois, *per definitionem*, Deus é o mistério. Nesse sentido, os místicos de todas as tradições concordam perfeitamente, pois eles falam de experiência e visão própria. Essa experiência exige tempo, meditação. Mas até mesmo pessoas muito ocupadas podem receber esse presente. Uma mãe que cuida o dia todo de seus filhos não tem tempo para meditar. Ela olha para o seu filho com amor, e ele olha para ela. Isso já é um encontro e experiência que transparece esse fundamento e que transcende todos os nomes. Trata-se de um encontro com o inexprimível.

Em outros termos: cada um deveria praticar a meditação em seu dia a dia para realmente se tornar humano. A forma como pode fazer isso depende de sua personalidade e das circunstâncias de sua vida. Muitas pessoas não conseguem falar sobre isso porque lhes faltam a formação e a eloquência, mas conhecem muito melhor do que nós, que nos servimos desses atributos. Por exemplo: os filhos de camponeses e os pastores, que vigiam o gado sob o céu aberto e à noite se reúnem em torno de uma fogueira, vivenciam encontros profundos com a realidade incompreensível. São experiências que fazem parte de toda a humanidade. Não são reservadas aos muito cultos, que geralmente têm tempo e dinheiro para se darem ao luxo de passarem um fim de semana em retiro espiritual.

Quero acrescentar algo mencionado anteriormente, apenas de passagem: muitas vezes Deus é usado pelas autoridades para gerar medo nas pessoas. "Autoridades autoritárias" sempre procuram causar esse sentimento nas pessoas, pois isso lhes permite dominá-las. Por que o mistério divino pode ser usado facilmente para gerar medo? A resposta é simples: Porque a experiência do sagrado inclui certo temor; Ele nos fascina e nos faz estremecer. Por isso, falamos do temor de Deus. Mas esse temor é usado para amedrontar e aterrorizar as pessoas, e ao longo da história ele foi utilizado abusivamente. Temor de Deus e coragem do ser humano são elementos inseparáveis. Em seu sentido verdadeiro, o temor de Deus é o outro lado da coragem de se empenhar pela justiça.

8
"Dead man rising"
Ou: Jesus Cristo e o Buda

Os cristãos acreditam que Jesus é mais do que apenas um outro entre os muitos fundadores de religião. Acreditam que Jesus é o Filho de Deus; que o próprio Deus se tornou homem nesse Jesus histórico, carpinteiro de Nazaré, para a salvação de todas as pessoas. Acreditam até que Ele, crucificado, foi ressuscitado por Deus dentre os mortos e que voltará no fim dos tempos para julgar os vivos e os mortos. Para um muçulmano ou judeu – que também acreditam em Deus –, ou ainda mais para um agnóstico humanista ou um ateu, esses conteúdos de fé são totalmente incompreensíveis; talvez parecer completamente absurdo. Esse núcleo da fé cristã pode ser comunicado com os recursos da razão? Será que uma pessoa secular e esclarecida não poderia dizer: "Esse tipo de convicção de fé pertence ao domínio do mito. Jesus pode ter sido um exemplo histórico de pessoa extraordinária, como existem outras. Mas todo o resto nada mais é do que poesia religiosa"?

ANSELM GRÜN

Hoje há a tendência de definir Jesus nestes termos: Jesus nada mais era do que um homem com um talento espiritual especial ou um fundador de religião. É uma forma de nos livrarmos de seu seguimento, de objetivar e julgá-lo segundo o padrão daquilo que nos agrada ou não. Para mim, a teologia dogmática representa a arte de manter o mistério aberto. Quando digo "Jesus é o Filho de Deus" estou longe de saber o que isso significa, mas mantenho o mistério aberto. As palavras de Jesus me atraem profundamente. Evidentemente, preciso procurar entendê-las em seu respectivo contexto. O fato de Jesus ser Filho de Deus é um mistério. Heinrich Böll[29], que certamente não era um cristão conservador, mas cético, disse: "Para mim é importante que Jesus não era apenas homem, mas também Filho de Deus; caso contrário, todo o Evangelho não passaria de narrativa romântica".

Jesus era plenamente humano, e quando falamos sobre Ele como "Filho de Deus" nos referimos à sua afirmação de que o Pai fala conosco por meio dele. Não podemos mudar o significado disso. Esse é o fato: Deus fala conosco por meio do Homem Jesus. Karl Rahner chama Jesus de a "autocomunicação absoluta de Deus". Deus também se comunicou de outras formas, mas Ele o fez em Jesus de forma absoluta. Trata-se de um mistério que jamais conseguiremos explicar plenamente, mas é preciso preservá-lo.

---

29. Heinrich Böll (1917-1985) era um escritor alemão. Em 1972, recebeu o Prêmio Nobel de Literatura. Entre outras coisas, empenhou-se ativamente na resistência contra o nacional-socialismo e em questões humanitárias na América do Sul. Böll se ocupava de forma crítica com a Igreja Católica; desfiliou-se dela em 1976, mas sem "renegar a fé", como ele disse.

Por outro lado, Deus sempre se esquiva de nós. Também na meditação preciso me perguntar constantemente se isso não é apenas uma ideia ou projeção. Jesus nos confronta de forma concreta. Quando leio ou ouço as suas palavras, Deus se torna mais concreto para mim. Evidentemente, não vejo Deus diretamente. Jesus diz: "Quem me vê, vê aquele que me enviou" (Jo 12,45), e isso também é um mistério. Mas por meio de Jesus, Deus se torna mais concreto e deixa de ser uma mera projeção minha, na qual eu adapto Deus às minhas expectativas pessoais. Ele se encontra comigo, Ele me desafia e me questiona. Jesus é para mim uma pessoa totalmente presente e da qual não consigo desviar.

DAVID STEINDL-RAST

Para mim é importante perguntar primeiramente o que a tradição cristã pretende dizer com a afirmação "Jesus é o Filho de Deus". Acho problemático quando simplesmente jogamos o dogma na cabeça de alguém. Precisamos inicialmente perguntar o que significa "Filho de Deus", e esta é, antes de tudo, uma pergunta exegética. Não quero falar sobre ela agora, mas sugiro dois passos. Primeiro eu responderia a essa pergunta – já que ela se dirige a nós como cristãos – a partir da tradição cristã. Uma passagem importante nesse contexto é a genealogia de Jesus em Lc 3,23-38.

Passando por muitos ancestrais, Lucas reconstrói a árvore genealógica até "Adão, filho de Deus" (Lc 3,38). "Adão" não é o nome do primeiro homem, mas simplesmente significa "ser humano". *Nós* somos Adão.

Portanto, somos "filho de Deus". Este é o ponto de partida. Se somos chamados "filho de Deus", surge disso a próxima pergunta: "Como podemos saber o que significa ser 'filho de Deus'?" A resposta é: "Sabemos disso por experiência própria". Somos filhos da vida. É a vida que nos gera, e como uma mãe ela nos dá exatamente aquilo de que necessitamos. A vida, porém, é um encontro com o mistério insondável, que nós chamamos Deus.

Se, então, somos filhos de Deus, por que Jesus não seria Filho de Deus? Disso resulta a pergunta: "Ele não é Filho de Deus de forma extraordinária e singular?" Respondo: "Certamente de forma extraordinária, pois cada um de nós é filho de Deus de forma extraordinária. Todos nós somos extraordinários. Em segundo lugar, Jesus é ainda mais extraordinário, porque Ele é o nosso impulso que nos leva a refletir sobre o significado de sermos filhos de Deus. Isso é extraordinário".

Precisamos distinguir entre Jesus e Cristo. Não é por acaso que o Novo Testamento usa às vezes Jesus e outras vezes Cristo. Eu interpreto isso assim: Jesus é humano como nós em todos os aspectos – isso nos diz também a teologia dogmática cristã –, mas Cristo é o *self* comum a todos nós. Jesus é o eu de Jesus; Cristo é o *self* – nosso *self* e o *self* de Jesus. Não podemos diluir essa distinção. Algumas coisas só podem ser ditas sobre Cristo; outras, apenas sobre Jesus. Caso contrário, criamos uma confusão. Essa distinção pode ser de grande ajuda. Algumas pessoas têm um acesso mais fácil a Jesus; outras, a Cristo: uma realidade que eu posso encontrar dentro de mim mesmo, meu *self*.

Jesus, por sua vez, é um homem entre outros na história do mundo. Como cristãos, nós vemos os dois juntos. Cremos em Jesus Cristo. Se a questão fosse apenas Cristo em nós, nada teríamos para avaliar sobre as ideias referentes à realidade de Cristo. Se a questão fosse apenas Jesus, apenas um homem, Ele poderia me servir no máximo como exemplo externo. Mas quando vejo os dois como unidade, reconheço em Jesus o padrão para o meu próprio devir de mim mesmo. É também sob esse aspecto que podemos ver Cristo como extraordinário; por meio de Cristo estou conectado ao meu ser mais íntimo.

Anselm Grün

Podemos explicar a expressão "Filho de Deus" de diferentes maneiras. Os judeus chamam Davi e os reis de "filho de Deus". Filho de Deus significa ser amado por Deus. Os gregos, porém, expressaram isso em termos do ser. Jesus "é" Filho de Deus. Havia exegetas que afirmavam que isso era uma distorção. Não acredito nisso. Mesmo assim, é um mistério. É claro que Jesus era uma figura histórica e plenamente humano, como o diz também o dogma sobre Ele. Deus e homem estão nele inseparados e sem se confundirem. Isso é uma grande sabedoria. Ele é plenamente homem, e mesmo assim Deus está plenamente nele. Precisamos suportar essa tensão. Nos muitos livros que li sobre Jesus, uns o categorizam como rebelde; outros, como um fundador de religião; para outros ainda, um homem com talento religioso. Mas tudo isso são tentativas de rotulá-lo e de se esquivar de sua proposta. Ele é avaliado como qualquer outra figura histórica, e eu me permito apontar as coisas que me agradam ou não. Quando dizemos que Ele é Filho de Deus não podemos dizer: "Isso me agrada, mas aquilo não".

DAVID STEINDL-RAST

Concordo plenamente. Tudo depende de *como* nós abordamos, e isso é o que estamos tentando descobrir aqui. Existe um nível do discurso em que podemos afirmar que Jesus era uma personalidade histórica como qualquer outra, porque era homem como todos os outros. Quando admitimos isso nada perdemos e ainda conquistamos a aprovação de outros. Mas agora dizemos: "Muito mais está em jogo". Assim, passamos para outro nível do discurso. Agora pretendemos dizer algo sobre o ser humano Jesus e, ao mesmo tempo, sobre nós mesmos: "*Todos* nós somos filhos de Deus". Isso é muito importante. O Jesus histórico nos ajudou a reconhecer o que significa "filho de Deus". Isso abre possibilidades de diálogo com outras tradições, porque já não precisamos mais impor nosso dogma. Em vez disso, dizemos: "A partir de sua experiência religiosa vocês podem entender o que 'filho de Deus' significa". Cada tradição procura expressar de seu jeito a relação do ser humano com a realidade última. Nós cristãos o expressamos desta forma: "Jesus Cristo é (e todos nós somos) 'filho de Deus'".

Evidentemente, isso provoca minha objeção. Em nome dos fundamentalistas eu argumentaria: "Vocês conhecem a palavra bíblica 'Ninguém vem ao Pai senão por mim'" (Jo 14,6).

Anselm Grün

Karl Rahner interpretou essa passagem muito bem[30] e C.G. Jung disse: "Jesus era homem, mas Ele ativou o *self* no ser humano. Ele se tornou o arquétipo do *self*". Para Rahner, "na morte, cada um que seguir sua consciência – não importa de que religião seja – encontrará Deus e também a imagem de Jesus que vislumbrou inconscientemente". Rahner tenta demonstrar a partir da filosofia que o ser humano inclui Deus como horizonte em cada um de seus pensamentos. O conhecimento humano sabe que Deus age na história e que, por isso, adquiriu forma humana. Nós entenderemos isso na morte. Nela reconheceremos Deus e o mistério de Jesus, que temos buscado inconscientemente.

Quando nos entregamos a Jesus – que satisfaz nosso anseio mais profundo pela imagem de Deus –, Ele se torna nosso Caminho que nos leva ao Pai.

Jesus diz: "Eu sou o Caminho, a Verdade e a Vida". O significado disso não é exclusivo?

Anselm Grün

Não. Nenhuma palavra da Bíblia deve ser lida em sentido exclusivo; todas elas são promessas positivas. Podemos interpretar essa palavra da seguinte forma: quando olho para Jesus, quando me ocupo com Ele, a

---

30. Cf. RAHNER, K. *Grundkurs des Glaubens*. Friburgo, 2004.

verdade se revela a mim. A palavra grega para verdade é *aletheia* e significa "não escondido", ou seja: o véu que cobre as coisas é retirado e então é possível vê-las; encontro um caminho, encontro vida. Também posso interpretar isso a partir de outra perspectiva: em todos os lugares e momentos em que a verdade se revela a mim tenho uma ideia de Jesus, encontro-me com Ele. Quando Deus diz no Antigo Testamento: "Eu te resgatei, entrego gente em teu lugar e povos por tua vida" (Is 43,1-4), isso é uma promessa positiva, não uma declaração que exclui outros povos nem tampouco uma declaração negativa sobre eles.

DAVID STEINDL-RAST

Quando ouço isso com benevolência posso aceitar quando você diz: "...eu encontro Jesus". Mas o texto "Eu sou o Caminho, a Verdade e a Vida" ocorre no Evangelho de São João. Este é um Evangelho que enfatiza "Cristo". Portanto, eu diria: "...eu encontro Cristo".

O caminho do qual estamos falando é aquele que nos leva a Deus, o caminho que nos leva para o centro do Grande Mistério. Uma pessoa que se encontra nesse caminho está realizando seu *self* de Cristo. Quando Jesus Cristo diz no Evangelho de São João "Eu sou o Caminho", Ele não está dizendo: "Entre todos os muitos caminhos eu sou o único que leva a Deus". Teríamos que traduzir isso da seguinte forma: "Aquele que começar a caminhar está no caminho para a realização de seu *self* de Cristo".

No entanto, para poder estar no caminho é preciso levantar e partir. O que importa é esse movimento. Sentar-se ao lado de uma placa de trânsito não significa estar no caminho, mesmo que considere correta a indicação dela. O nome da rua não importa. Quem se levantar e partir está no caminho. "Quem procurar a verdade me encontrará" significa que encontrará a realidade de Cristo em seu íntimo; e quem a encontrar, encontrará vida em abundância.

Quero aproveitar o tema do movimento. Já falamos em outro momento que nós, ao sermos imaturos, somos guiados pelo nosso ego. Ele é frágil e por isso precisa se afirmar constantemente, porque tem medo de, no fundo, nada ser. Como podemos superar esse estado de imaturidade? Aparentemente, o único remédio eficaz para transformar o ser humano é a dor, o sofrimento. Se colocarmos Jesus e Buda lado a lado e ousarmos uma comparação, veremos muitas semelhanças na forma como veem a transformação. A compaixão ou o sofrimento substitutivo me parece ser um caminho central para ambos. O que caracteriza Jesus Cristo e o que diferencia seu ensinamento do ensinamento de Buda?

ANSELM GRÜN

Em Buda o tema do sofrimento é muito importante. Ele considerava a ganância e o estar preso ao mundo como causa de todo sofrimento. Nesse sentido, quando se retira do mundo a pessoa se liberta e se livra do sofrimento. Certa vez, C.G. Jung teve um diálogo famoso com um teólogo evangélico. Jung estivera na Índia e disse: "No Oriente as pessoas tentam se desprender do sofrimento retirando-se do mundo. No Ocidente as pessoas tentam entorpecer o sofrimento por meio de ativismo e drogas. No entanto, o caminho seria atravessar o sofrimento apontando para a cruz". Jesus atravessou o sofrimento. Portanto, existem semelhanças entre o cristianismo e o budismo. Podemos aprender muito do budismo, sobretudo a liberdade interior do mundo. Mas Buda morre com um sorriso, enquanto Jesus morre com um grito na cruz. Jesus também é a esperança para o pobre-coitado que talvez nunca se aventure no caminho espiritual, mas permanece preso em seu sofrimento. Isso é uma diferença: não fugir do sofrimento, mas o atravessar e transformar.

É claro que é mais simpático ver o Buda morrendo com um sorriso, mas é, na minha opinião, também um pouco elitista. Será que este é realmente um caminho para todos, também para aquele que se encontra no meio do sofrimento? Johann Baptist Merz[31], teólogo conservador, diz: "A memória do sofrimento é uma contribuição muito importante para a sensibilidade em relação ao sofrimento no nosso mundo. Quando nos tornamos insensíveis ao sofrimento nossa vida se torna cruel". A compaixão e a misericórdia são as mesmas em Jesus e em Buda. Podemos aprender do budismo que não deve existir somente compaixão com o ser humano, mas também com a natureza, com a criação, com tudo.

---

31. Johann Baptist Merz (nasc. 1928) é considerado o pai da "nova" teologia política (a "velha" teologia política provém de Carl Schmitt). Metz é precursor teológico da "Compassion". Cf. *Memoria Passionis – Ein provozierendes Gedächtnis in pluraler Gesellschaft*. Friburgo, 2006.

Na minha opinião, uma grande contribuição da tradição cristã é o fato de ela não opor o sofrimento a Deus, ao modo de: "Fui abandonado por Deus [ou: 'Sou castigado por Ele']. Por isso, preciso sofrer". Ela mostra, antes, que o sofrimento faz parte da vida e que a vida é expressão do mistério que nós chamamos Deus. Assim, a tradição cristã deifica o sofrimento, fazendo o mesmo em relação à alegria e à vida, de um modo geral. O sofrimento faz parte da vida e da vivacidade.

A tradição cristã oferece isso às outras tradições como presente. Na Índia, tive várias oportunidades de ver pequenos altares nos apartamentos das pessoas. Entre as muitas estátuas e imagens de deuses também pude encontrar uma imagem de Jesus em oração no Monte das Oliveiras, com a lua transparecendo entre as nuvens. – É uma imagem encontrada frequentemente na Alemanha. Os hindus devotos dizem: "Este é o Deus sofredor. Ele é importante para eles".

Outra experiência aponta para a mesma direção. Quando o Dalai Lama visitou os Estados Unidos pela primeira vez – ele não viajava em grupos tão grandes como se faz hoje –, tive a oportunidade de me reunir com ele num grupo pequeno. Eu era o único cristão. Alguém com uma postura muito crítica em relação à tradição cristã disse ao Dalai Lama: "Vossa Santidade, há dois mil anos os cristãos se reviram em suas dores, enquanto os budistas encontraram uma forma maravilhosa de superar o sofrimento. Qual é a sua opinião em relação a isso?" Ele respondeu: "Cuidado. As coisas não são assim tão simples. No budismo, o sofrimento não se supera deixando-o para trás. Supera-se o sofrimento assumindo o sofrimento de outros". Este é o ideal do bodisatva; é idêntico ao ideal de Cristo.

ANSELM GRÜN

Quando travamos um diálogo inter-religioso autêntico descobrimos muitas semelhanças. Ainda não cheguei a perceber isso em relação ao tema do sofrimento. Também devemos considerar que existe o sofrimento masoquista.

Na minha opinião, a mensagem central da morte e da ressurreição de Jesus é o exercício de transformar aquilo que me "acontece de fora" em um ato de entrega. Ou seja, transformar as dores em ato de amor. Minha mãe expressou isso de forma bastante simples. No fim de sua vida, apesar da doença, ela estava constantemente alegre. Eu lhe perguntei: "Como você consegue isso?" Ela disse: "Isso não me importa. Sacrifico isso pelos meus filhos e netos". – Na década de 1960 a palavra sacrifício tinha uma conotação muito negativa. Minha mãe não possuía outro tipo de linguagem. Mas a doença que a acometeu foi transformada em um ato de entrega a outros. Seus netos gostavam muito de estar com ela. Existem pessoas doentes que se lamentam o tempo todo, causando escrúpulos de consciência àqueles que as visitam. A arte é não recalcar a dor, mas transformá-la em ato de amor. Se o Dalai Lama expressou isso de forma semelhante, vejo aqui uma grande concordância.

David Steindl-Rast

Quando comparamos tradições precisamos comparar o melhor com o melhor e o pior com o pior. O masoquismo – esse chafurdar-se no sofrimento – é o ruim no cristianismo e um de seus becos sem saída. Mas não é o típico. Gostei do fato de você ter mencionado sua mãe. Na Bíblia, tanto na hebraica quanto na grega, o sofrimento é muitas vezes comparado às dores de parto; é visto como uma espécie de parto para uma vida melhor e mais profunda. Essa entrega já começa no nascimento. Para dar à luz uma criança, a mãe precisa sofrer.

Monge David, gostaria de lhe perguntar: Você considera um acaso histórico ter decidido seguir o caminho cristão do discipulado de Jesus? Ou hoje você diria: "Isso não importa, eu poderia ter me tornado budista e não teria problema algum com isso". Minha pergunta diz respeito a uma escolha, pois você conhece ambos os mundos: o cristão e o budista.

David Steindl-Rast

Se eu tivesse nascido e sido criado no mundo budista, é possível que eu nada soubesse sobre o cristianismo e provavelmente fosse monge budista, pois sempre quis ser monge. Mas cresci no cristianismo e sou feliz e grato por isso. Certa vez, conversei com Baker Roshi[32].

---

32. Richard Baker Roshi (nasc. 1936) é um mestre zen norte-americano na tradição de Dongshan (século IX) e Shunryu Suzuki Roshi. Baker Roshi assumiu em 1971 a sucessão dharma de Suzuki Roshi e, desde então, propaga o ensinamento budista no Ocidente.

Ele me disse: "Ignore por ora todas as suas convicções cristãs. Imagine, durante a nossa conversa, que elas são todas erradas, para que possamos jogar bola num campo plano". Tentei seguir sua sugestão, mas não obtive êxito. Esforcei-me cada vez mais em imaginar que minhas convicções cristãs eram erradas, mas finalmente tive de reconhecer: "Sinto muito, mas não consigo. Não posso pular sobre minha própria sombra. Sou cristão. Eu me identifico totalmente com minha fé". No entanto, isso significa apenas que eu expresso minha humanidade de forma cristã. A essência sobre a qual conversamos não é o cristianismo ou o budismo, mas o aspecto humano comum a todos. Creio que a maior honra do cristianismo consiste em nos levar ao verdadeiramente humano. A maior honra do budismo também consiste nisso. O *humano* é maior e mais importante do que a forma como o expressamos. Creio que você tenha uma posição semelhante, mas provavelmente empregue outras palavras.

ANSELM GRÜN

Prezo o diálogo com o budismo. No entanto, sou integralmente cristão. Como cristãos não podemos ter a pretensão de ser portadores da verdade absoluta, de forma fundamentalista. Tenho, porém, a convicção de que, entre todos os caminhos, o caminho cristão – não o caminho que temos proclamado ao longo da história – seja o mais humano. Só podemos reconhecer quem é Jesus no diálogo com o budismo e o hinduísmo, pois eles nos abrem os olhos para aqueles aspectos de Jesus que a teologia ocidental tem ignorado. Jesus continua sendo um desafio para mim, porque Ele é a autocomunicação de Deus. Podemos entendê-lo de forma mais profunda quando nos ocupamos com a essência de outras religiões.

A fé cristã não é uma religião dos "vitoriosos"; não é uma religião que acredita na aquisição de salvação automática por meio da observação de determinadas regras de conduta. Não acredita que, por meio da iniciação em mistérios esotéricos, seja possível alcançar um conhecimento de realidades superiores vedado às pessoas simples. Ao contrário, o cristianismo ensina que todo ser humano depende do favor, do perdão e da graça de Deus. A tradição judaico-cristã como um todo e Jesus em especial mostram que o importante é colocar-se ao lado dos pobres, ajudar os famintos, cuidar dos enfermos, visitar os presos, procurar e acompanhar os perdidos. Por que essa simpatia pelas vítimas é tão importante para Jesus?

Anselm Grün

C.G. Jung disse certa vez: "O maior inimigo da transformação é uma vida bem-sucedida". Porém, nos Estados Unidos existe a chamada "teologia do sucesso". Segundo ela, um indivíduo bem-sucedido é um cristão verdadeiro. Isso é um perigo. Não devemos ver o sucesso com olhos negativos. Não obstante, nunca devemos nos esquecer de que Jesus voltou sua atenção aos pecadores, porque eles eram abertos e perceberam que precisavam mudar seus caminhos. O ser humano tem uma "justiça própria" que o leva a fechar-se para Deus e, portanto, também para as outras pessoas. Ele acredita ser correto e estar em perfeita ordem. Assim, justifica-se e continua a viver da mesma forma. Para Jesus, isso é uma abominação; Ele procura a pessoa aberta, sincera. A pessoa sincera conhece suas sombras, seus erros e suas fraquezas. É claro que existiram exageros também no cristianismo. Houve uma ênfase exagerada do tipo: "Você é mau. Você é um pecador". Isso é uma distorção da mensagem de Jesus. Ele volta sua atenção ao pecador e acredita que ele seja capaz de se reerguer. Essa atenção de Jesus mostra quem Deus é. Deus olha para cada pessoa, não só para a bem-sucedida. Isso é uma imagem de esperança para todos.

DAVID STEINDL-RAST

Concordo plenamente com isso. Nesse contexto, lembro-me do batismo de Jesus. No Evangelho de São Marcos – o evangelho historicamente mais antigo – lemos simplesmente que multidões de pessoas foram batizadas por João e que Jesus também o foi (Mc 1,9-11). Nada mais. No Evangelho de São Mateus, João Batista se recusa a batizar Jesus e lhe diz que é Ele quem deveria ser batizado por Jesus (Mt 3,1-17). Isso é, evidentemente, uma redação tardia. Seja como for, Jesus foi batizado. Sendo Ele realmente homem, compartilha da pecaminosidade do mundo, mesmo que pessoalmente não tenha pecado. Faz parte da existência humana participar do rompimento, do isolamento do divino. Jesus como ser humano aceitou isso e o demonstrou por meio de seu batismo. Infelizmente, poucos pregam sobre isso, porque a maioria parte do Evangelho de São Mateus, e não do Evangelho de São Marcos.

Anselm Grün

O mesmo pode ser dito em relação à tentação de Jesus no deserto. Muitas vezes interpretamos Jesus mitologicamente, como se Ele fosse apenas Deus. Ele era plenamente humano e, portanto, também exposto à tentação. – São justamente as pessoas religiosas que se veem tentadas a abusar da religião, a se colocarem acima dos outros e a se considerarem especiais. Na narrativa da tentação (Lc 4,1-13) Jesus se recusa a querer ser algo especial. Ele é plenamente humano e, mesmo assim, realiza milagres. Ele não quer ser o guru ao qual todos seguem de forma submissa.

David Steindl-Rast

Jesus vai um passo além. Quando alguém se dirige a Ele e o chama de "Bom Mestre", ouve como resposta: "Por que me chamas de bom? Ninguém é bom a não ser Deus" (Lc 18,19). Essas palavras certamente são autênticas; os evangelistas não as teriam atribuído a Jesus se Ele não as tivesse dito.

9
Santa, pecadora e eleita
Ou: A(s) Igreja(s) entre essência e aparência

Numa dimensão global, a maioria das pessoas é religiosa. Mas se olharmos mais de perto veremos que no cristianismo, como também em outras religiões, existe uma insatisfação crescente em relação à instituição. As pessoas se tornaram mais céticas. É possível que uma das causas seja o fato de que a religião organizada criou o tipo denominado "religião *fast-food*", confiando menos em uma experiência de Deus autêntica e mais em um "sistema de garantia religiosa". A vida religiosa passa a consistir na observância de determinadas obrigações e regras de conduta para, assim, a pessoa se tornar membro de um grupo supostamente "superior e remido". O que seria o sinal de uma vida cristã autêntica? O que a Igreja, como comunidade de crentes, deveria ser?

ANSELM GRÜN

A Igreja certamente deveria ser um lugar onde as pessoas pudessem fazer sua experiência pessoal de Deus; deveria ser um lugar onde as pessoas feridas e machucadas pelo mundo pudessem se sentir aceitas. Naturalmente, a Igreja, como qualquer outra instituição, sucumbiu à tentação do poder. Correu o perigo de amedrontar as pessoas ameaçando-as de não irem para o céu. Ou sucumbiu a outro perigo, o de fortalecer a megalomania humana e de seu narcisismo, quando disse a seus seguidores: "Se você rezar será 'algo especial' e não estará tão perdido quanto os outros". Muitos se entregam a isso, acreditando que nada de ruim lhes poderá acontecer se frequentarem a Igreja. São condutas que fortalecem o infantilismo e o narcisismo, em vez de transformá-los. O caminho da fé é um local em que é possível encontrar Deus com toda a verdade e com todas as sombras. Onde é possível oferecê-las a Deus, sentindo que Ele é capaz de transformá-las. Para mim, é isso o que importa; não me interessa colocar-me acima dos outros. O perigo que os fundamentalistas correm é de se considerarem melhores e acima dos outros, humilhando-os. No entanto, isso vai na contramão da transformação.

Meu professor de filosofia, Augustinus Karl Wucherer-Huldenfeld[33] disse certa vez: "O grande problema surge quando os adoradores de um deus verdadeiro se tornam os únicos adoradores verdadeiros de Deus". No mesmo momento em que defino a mim mesmo ou ao meu grupo de forma absoluta começa a degradação da religião.

---

33. Cf. WUCHERER-HULDENFELD, A.K. [nasc. 1929]. *Philosophische Theologie im Umbruch*. 2 vols. Viena, 2011. • *Befreiung und Gotteserkenntnis*. Viena, 2009 [org. de Karl Baier].

DAVID STEINDL-RAST

Quero aprofundar um pouco esta questão: Por que a maioria das pessoas é religiosa, mas se volta cada vez mais contra as religiões? A própria pergunta já evidencia a diferença entre religiosidade e religião. Podemos dizer que toda pessoa é religiosa, pois faz parte da essência do ser humano ser confrontado com o mistério da vida. As religiões são expressões dessa religiosidade; elas se expressam por meio de doutrinas, moral e rituais. Inevitavelmente a religiosidade leva à comunhão; não só internamente com o mistério, mas também externamente com as pessoas que fazem a mesma experiência. Quando, porém, essa comunhão atinge um maior número de pessoas, tornando-se mais complexa, exige organização e se transforma, então, em instituição. E aí se inicia o problema. A maioria das pessoas não tem dificuldade em relação à religiosidade em si, mas com as instituições religiosas. É preciso ter em mente que toda e qualquer instituição – não importa se é de natureza acadêmica, médica, política... – foi fundada para realizar determinado propósito. Mas rapidamente ela se desvia desse propósito, concentrando-se em sua autorrealização, autoafirmação e crescimento. Todas as instituições religiosas já caíram nessa armadilha. Mesmo assim, elas nos transmitem verdade. Continuo tendo grande respeito pela Igreja, não por ela ser uma instituição, mas por ser transmissora de uma mensagem.

Comparo a instituição com um condutor de água. A Igreja sofre com a "síndrome do encanamento enferrujado". Se pudéssemos ver seu encanamento subterrâneo, nunca mais beberíamos dessa água. Mesmo assim, essa mesma tubulação nos traz água pura, apesar de estar enferrujada.

Sob essa perspectiva podemos usar a força da água pura para praticar a mensagem vivificadora em pequenas comunidades. Por isso é que determinadas pessoas optam pela vida monástica. Vivem em pequenas comunidades onde tentam realizar aquilo que a instituição pretendia originalmente, mas que, devido à sua estrutura, não pode fazê-lo.

Anselm Grün

Todos os três aspectos que você mencionou – doutrina, moral, ritual – possuem algo positivo e têm um efeito curador.

A doutrina serve para proteger a liberdade e a dignidade do ser humano, para lhe dar uma visão correta de si mesmo. Vemos sua importância ao analisar sua negatividade, como, por exemplo, no "Terceiro Reich", que conseguiu seduzir as pessoas por meio de imagens falsas. O perigo surge quando a doutrina se torna arrogante e não seja fiel ao ser humano.

Ética e moral também fazem parte do ser humano, mas se diferenciam do moralizar. Hoje precisamos procurar valores éticos comuns numa escala global, como o sugeriu Hans Küng em seu "Projeto Welt-Ethos" (Projeto de Ética Mundial][34].

---

34. KÜNG, H. *Projekt Welt-Ethos*. Munique 1990 [mais informações em http://www.weltethos.org].

Em terceiro lugar vêm os rituais. Eles podem ter um efeito curador, mas também podem ser transformados, de forma equivocada ou estarrecedora, em falso ritualismo. Rituais curam a alma, como C.G. Jung descreveu muitas vezes. Assim como tudo pode ser usado para fins errados, os rituais também foram explorados em favor de nobres ideais. Por isso, tenho a confiança de que, apesar de seu encanamento enferrujado, a Igreja sempre experimentará reavivamentos. Em sua história há escândalos, mas graças a Deus também existem nela reavivamentos curadores.

DAVID STEINDL-RAST

Tenho uma imagem para esses equívocos da doutrina e da moral que você mencionou. Inicialmente existe a mensagem da salvação, a Boa-nova. Ela jorra com vivacidade, como um chafariz de água pura. Mas o clima do nosso mundo é muito frio, e assim tudo congela. O dogma se transforma em dogmatismo; a moral, em moralismo; o ritual, em ritualismo. Todos esses "ismos" são água viva congelada. A pergunta é: Como podemos derretê-la, e minha resposta é: Com o calor do nosso próprio coração. Precisamos derreter esse gelo por meio da nossa experiência e da nossa vivacidade. O coração de cada religião é a religião do coração.

10
Em diálogo com o mistério
Ou: O "Pai-nosso" e a confiabilidade de Deus

Uma das orações centrais do cristianismo, talvez até a oração mais importante, é o Pai-nosso. Jesus a usou para ensinar aos seus discípulos como eles podem rezar a Deus, o Pai. O que podemos aprender dessa oração sobre o diálogo do ser humano com Deus?

ANSELM GRÜN

As primeiras palavras "Pai *nosso...*" já deixam claro que não podemos falar com Deus como se Ele fosse minha propriedade exclusiva. Estamos em comunhão, e Ele é o Deus de todos nós. Não podemos usá-lo para nós mesmos. Segue então: "santificado" seja o nome de Deus. Seu nome é santificado quando conseguimos ter uma vida realizada. Ireneu diz: "*Gloria Dei homo vivens* – A glória de Deus é o ser humano que vive"[35].

---

35. Ireneu de Lyon (135-202), Padre da Igreja, santo de Esmirna e bispo de Lyon. Os escritos desse teólogo sistemático foram decisivos para o cristianismo primitivo e para o seu desenvolvimento. Ireneu cunhou o conceito da *Regula fidei*, da "regra da fé".

Depois seguem os pedidos humanos de alimento, tanto terreno quanto espiritual. "E perdoa-nos as nossas dívidas como nós também perdoamos aos nossos devedores" significa que não podemos orar a Deus sem antes esclarecer nossos relacionamentos. Também é importante para mim que, ao rezar essa oração, eu me conscientize de que meu pai, minha mãe e meus avós também já a rezaram. Nem sempre sabiam o que rezavam, mas assim conseguiram superar as dificuldades da vida. Quando rezo essa oração compartilho da força de sua vida e fé. Isso me insere numa tradição que remete a Jesus. Esse arraigamento numa longa tradição de pessoas que oram é importante para mim. No Pai-nosso eu reavalio minha imagem de Deus.

DAVID STEINDL-RAST

Essa tradição é importante também para mim, pois me lembro de como a nossa avó nos ensinou a rezar o Pai-nosso. Você está certo: é sobretudo a oração que esquenta e transforma a água congelada e dura em água viva. Pois quando falei do calor do coração eu estava me referindo a relacionamentos; ao relacionamento comigo mesmo, com os outros e com Deus. Esse relacionamento se expressa na oração. "Pai nosso" já manifesta um relacionamento: o Pai, a comunhão e eu, que falo essa oração, somos inseparáveis. Para mim, foi uma grande ajuda reconhecer que a essência do Pai-nosso remete a Jesus, mesmo que não seja nessa forma exata. A oração apresenta uma forma artística altamente complexa, uma estrutura quiástica. Na época em que o Pai-nosso adquiriu sua forma atual, as crianças aprendiam o alfabeto não só na sequência de A a Z, mas também de Z a A. Importante era a letra M, pois ocupava a posição central. As pessoas tinham em mente essa forma quiástica. É assim que também vejo essa oração.

Um eixo conecta o "Pai nosso", a invocação e "O pão nosso de cada dia nos dai hoje". Como filhos, nós nos apresentamos ao Pai, que nos dá o pão de cada dia, ou seja, tudo que necessitamos. Este é, de certa forma, o eixo central do Pai-nosso. Por outro lado, temos um ramo descendente com três petições e um ramo ascendente com três petições. "Santificado seja o vosso nome" – isso já diz tudo. "Vocês mancham o nome de Deus entre os gentios", acusam-nos os profetas, querendo dizer que não vivemos como filhos de Deus. Quando vivemos como filhos de Deus nós santificamos o seu nome. Outra maneira de dizer isso é: "Venha a nós o vosso reino". Quando honramos o nome de Deus, seu reino já está no nosso meio. "Seja feita a vossa vontade": o reino é a vontade de Deus.

Santificar o seu nome também significa ter temor diante daquilo que o nome de Deus representa. Significa defender aquilo que Ele defende. A petição pelo pão é centro e ponto de convergência da oração do Pai-nosso. Ela resume tudo; como filhos de Deus pedimos ao Pai tudo que necessitamos.

As três petições seguintes se apresentam em ordem inversa, ou seja, quiástica, às três primeiras petições. Primeiro vem o pedido de perdão de nossa culpa, "como também nós perdoamos aos nossos devedores". Isso se apresenta em paralelo com "seja feita a vossa vontade assim na terra como no céu". Cumprimos a vontade de Deus quando perdoamos na terra, assim como Deus perdoa no céu. Segue então o paralelo de "venha a nós o vosso reino" com "e não nos submetas à tentação". A tentação maior e mais perigosa é abandonar o Reino de Deus e cair no mundo do ego, da avareza, da inveja e da violência. O oposto disso é o Reino de Deus, caracterizado pelo respeito mútuo, pelo compartilhamento e pela paz.

A última petição é: "livra-nos do maligno", passagem paralela a "santificado seja o vosso nome". O mal é aquilo que se opõe ao nome de Deus, aquilo que contradiz a sua vontade, o Reino de Deus. E assim se fecha o círculo dos sete pedidos do Pai-nosso. O "Amém" também é um elemento muito importante da oração, pois essa expressão resume em si toda a nossa confiança em Deus. Em hebraico, a confiabilidade de Deus se chama *amunah*. Nós respondemos a essa confiabilidade com nossa confiança e dizemos: "Amém". Rezo o Pai-nosso muitas vezes todos os dias. Isso é muito importante para mim. Essa oração incute em mim de forma sempre renovada a imagem de Pai e filho, que, por sua vez, determina meu relacionamento com o mistério divino. E essa imagem foi decisiva para a piedade de Jesus.

11
Três e um?
Ou: Pequeno manual de instruções para a Trindade

O centro do dogma cristão é ocupado pela fé no Deus triuno. À primeira vista, isso parece ser uma construção acadêmica e teológica de imensa complexidade. Muitos dizem: "Cremos em um Deus. Para que, então, três pessoas?" Suponho que a maioria dos cristãos não entende a Doutrina da Trindade. E principalmente no diálogo com outras religiões, a Trindade é fonte constante de equívocos e incompreensão. O que exatamente o Dogma da Trindade divina pretende expressar? E como podemos entender isso de forma bem prática?

ANSELM GRÜN

A meu ver, a imagem de Deus e a autoimagem se correspondem na Trindade. A imagem do Deus triuno é a de um Deus que se abre para os seres humanos. Isso significa: não posso falar sobre o ser humano sem falar ao mesmo tempo sobre Deus, pois Ele também está em mim através do Espírito Santo. Existe um único Deus. Mas nós experimentamos esse Deus como Criador, o

Pai; como Filho, que nos acompanha e que está em nós como o *self* verdadeiro; e como Espírito Santo, que nos encoraja e nos preenche com amor. É o Deus que alcança nosso coração, não um Deus distante, que está sentado em seu trono no céu e nos dá suas ordens. No fundo, a disputa sobre a Trindade foi uma disputa sobre o ser humano. Qual é o mistério do ser humano? Falar corretamente sobre Deus significa falar corretamente sobre o ser humano; o ser humano está submerso em Deus. Seu espírito é espírito de Deus. Seu *self* é o próprio Cristo, mas também o Deus diante do qual nos prostramos e ao qual rezamos como Criador. A Trindade se refere aos modos diferentes em que Deus se manifesta a nós e em que nós nos apresentamos a Deus: o Deus que está além e é diferente, o Deus que está conosco e o Deus que nos permeia.

DAVID STEINDL-RAST

Essa inserção completa em Deus e a presença de Deus em nós, esse é também para mim o aspecto mais importante da fé no Deus uno e trino. Gosto de usar a imagem de um recipiente cheio de água do mar e imerso nele. Assim, somos preenchidos e cercados por Deus. Cada imagem tem seus limites, mas precisamos de imagens. Uma grande dificuldade surge do fato de falarmos em três pessoas. Quando falamos em três pessoas divinas não usamos o conceito normal de pessoas. Já no início da evolução do dogma isso gerou críticas justificadas dentro da Igreja.

Anselm Grün

A palavra grega é *hypostasis*[36].

David Steindl-Rast

Sim, e "pessoa" é hoje uma tradução de *hypostasis*, sujeita a equívocos. Eu prefiro falar de modos de manifestação, ou seja, de modos em que Deus se manifesta. Voltando mais uma vez para o mistério do qual nós nos conscientizamos por meio da realidade que chamamos de vida, podemos distinguir três coisas. Em primeiro lugar, a fonte da vida. Dela flui a vida constantemente e em cada instante da possibilidade para a realidade. É essa origem, da qual tudo jorra, que chamamos de Pai. Em segundo lugar, a realidade viva dessa origem é o que chamamos de Filho. E em terceiro lugar, já que tudo seria estático sem ela, junta-se a isso a vivacidade. Essa vivacidade divina é o Espírito Santo.

Anselm Grün

Origem e fonte, forma, espírito e dinâmica – sim, podemos usar essas palavras. Já os Padres da Igreja e os filósofos tentaram ver o ser humano de forma triuna. Platão dividia o ser humano em corpo, espírito e alma; Agostinho, em razão, vontade e *memoria*, a capacidade de se lembrar. Eles sempre reconheceram um paralelo

---

36. *Hypostasis* significa "fundamento". No contexto filosófico corresponde a "nível do ser" ou a "realidade".

com Deus. Portanto, é legítimo falar da "vida", reunindo assim Deus e o ser humano.

DAVID STEINDL-RAST

Em Agostinho encontramos a linda comparação do Pai, do Logos e do Espírito Santo com o silêncio, a palavra e a compreensão. Do silêncio surge a palavra. Tudo o que existe é palavra e, ao atravessar a compreensão, retorna para o silêncio. A compreensão é o processo pelo qual ouvimos uma palavra de tal forma, que ela nos comove e nos leva para o lugar de onde ela veio.

ANSELM GRÜN

A compreensão é o Espírito Santo; a palavra é o Filho; e a origem da palavra, o Pai, fala do silêncio. Estas são imagens que nos permitem vislumbrar o mistério. A teologia dogmática não define; ela não sabe tudo com precisão. Por meio de sua linguagem paradoxal ela faz ressoar algo que podemos apenas vislumbrar.

DAVID STEINDL-RAST

Por isso, os Padres Capadócios[37] falam da "ciranda da Trindade". O líder da ciranda é o Logos, que surge do

---

37. Os chamados Padres Capadócios – Basílio de Cesareia, Gregório de Nissa e Gregório de Nazianzo – são importantes mestres da Igreja do século IV, provenientes da Capadócia (que hoje fica na Anatólia Central, Turquia). Eles deram uma contribuição importante para que os "trinitarianos" pudessem sair vitoriosos da "controvérsia ariana".

silêncio. A dança é o Espírito Santo. No Espírito Santo retornamos dançando para a origem, para o Pai. Acho extremamente linda essa imagem.

Padre Anselm, você começou a explicar a Trindade com o argumento segundo o qual sempre falamos também sobre o ser humano quando falamos sobre Deus. Quero retomar esse fio. Se contemplarmos a vida humana sob o ponto de vista do Deus triuno, nossa vida cristã deveria ser uma vida triuna. É isso?

ANSELM GRÜN

Falar do ser humano de forma triuna significa dizer que todos os três aspectos do ser humano são permeados por Deus, que Deus não está apenas no espírito, mas também no corpo e na alma. Significa: um Deus aberto e um ser humano aberto. Ambos se fundem.

O que eu quis dizer é: Não é possível ser humano isoladamente. A existência humana é sempre estar em relacionamento. Eu me torno humano por meio do tu. Sem o tu – na forma dos meus pais – eu nem existiria. E eles também não existiriam sem um tu. Entre eu e tu e entre tu e tu existe sempre uma terceira dimensão: o nível relacional, a força verdadeira entre os dois. Assim, encontramos essa dimensão triuna em cada relacionamento, mas também em cada ato criativo do ser humano, você concorda comigo?

Anselm Grün

Esse nível relacional é certamente muito importante. Martin Buber também ressaltou isso. A essência do cristianismo é o fato de ele ser uma religião relacional. Trata-se do relacionamento com Deus e do relacionamento com o ser humano. O encontro pessoal com o tu, entre eu e tu – esse é o espaço do amor. O amor é o Espírito Santo. As outras religiões também conhecem o relacionamento, mas precisamos dizer que no budismo a tendência é voltar-se mais para o indivíduo e que o nível relacional não é tão desenvolvido. Isso não é uma crítica; isso não significa que os cristãos são melhores em questões relacionais. Existem budistas maravilhosos dos quais irradia muito relacionamento, mas isso não é consequência dessa religião.

David Steindl-Rast

Em termos dogmáticos, podemos dizer: a única coisa que diferencia as pessoas divinas é sua relação umas com as outras. O Deus é um único, e o relacionamento faz parte desse mistério. Em seu ser mais íntimo, Deus é relacionamento. Isso seria uma expressão possível para a Trindade. Nós descobrimos esse relacionamento divino. Podemos também dizer que ele nos foi revelado, já que tudo é uma dádiva.

12
Como posso viver finitamente?
Ou: Sobre a mortalidade e a eternidade

A partir do momento de nosso nascimento somos mortais. A morte é nossa possibilidade última. Isso significa: em tudo o que fazemos ou deixamos de fazer, nós nos aproximamos da morte, de uma fronteira que não temos como mudar. Temos medo da morte porque temos medo do nada. Vemos que aqueles que nos antecederam voltaram ao pó. Mas não enxergamos além disso. Muitos lutam contra a morte com meios inúteis, segundo o lema: "Comamos e bebamos porque amanhã morreremos" (1Cor 15,32). A fé pode nos ajudar a lidar com a morte com uma tranquilidade maior, sem ganância, estresse, mas também sem recalque?

ANSELM GRÜN

O pensamento da morte é primeiro um convite para viver de forma consciente, para viver o momento. Existem contos de fadas em que a morte é superada. Mas logo o tédio se instala, porque se percebe que uma vida sem morte não tem tensão. A limitação nos convida a viver de forma atenta, como diz Jesus. A fé pode ajudar a compreender que a morte não é algo ruim, pois a pessoa morre em direção a Deus e à perfeição. C.G. Jung disse certa vez: "A partir da metade da vida só permanece vivo aquele que estiver pronto para morrer, que estiver disposto a abrir mão". Ele acredita que aqueles que se recusam a lutar na primeira metade da vida seriam os mesmos que não conseguem abrir mão da vida na segunda metade de vida. Minha experiência é esta: muitas pessoas têm medo da morte porque não viveram. É difícil abrir mão de uma vida não vivida. Uma pessoa que vive de forma consciente consegue abrir mão dela. O medo da morte tem diferentes aspectos. Na maioria das vezes trata-se do medo da perda de controle; algo acontece e não se consegue controlar. Em alguns casos, é o medo do desconhecido. O que vem depois da morte? Há algo depois dela? A fé pode servir como promessa, como Jesus expressa: "Ainda hoje estarás comigo no paraíso" (Lc 23,43). É claro que podemos fracassar, mas temos a esperança de que morreremos em Deus, que podemos nos soltar e cair em seus braços, nos quais seremos aperfeiçoados. Não sabemos como isso acontece. Podemos confiar nas imagens bíblicas e saber ao mesmo tempo que aquilo que nos espera se encontra além de qualquer imagem. Ninguém sabe dizer o que realmente acontecerá.

DAVID STEINDL-RAST

Talvez possamos ampliar essa compreensão se voltarmos para a diferença entre eu e *self*. Nosso *self* não se encontra no tempo e no espaço; nós o vivenciamos no agora, que está acima do tempo e do espaço. Nosso eu, porém, se encontra no tempo e no espaço. A grandeza humana e, ao mesmo tempo, a tarefa humana consistem em viver nesse âmbito duplo. Eu e *self*, apesar de unidos, passam por dois processos diferentes. Para o meu eu, o meu tempo de vida, desde a concepção até a morte, representa um processo de desenvolvimento – semelhante à semente que se transforma em flor e fruto, que, por sua vez, se transforma novamente em semente. No caso do *self*, o processo não se preocupa com evolução, mas com um processo que poderíamos chamar de enriquecimento. É nesse sentido que entendo o que o poeta Rilke fala sobre o ser humano: "Somos as abelhas do invisível e colhemos o néctar do visível para depositá-lo na grande colmeia dourada do invisível"[38]. Para mim, o sentido de tudo o que vivenciamos no tempo em termos de alegria e sofrimento é o enriquecimento, a colheita para a grande "colmeia dourada" do supratemporal. Nesse âmbito que se encontra além do tempo, o *self* é enriquecido por meio de todos os sofrimentos e alegrias que experimentamos durante o tempo de nossa existência na terra. Nesse âmbito duplo nós nos apoiamos em duas pernas. Uma delas é o eu em tempo e espaço, a outra é o nosso *self* no agora, naquilo que permanece no sentido supratemporal. Em minha idade avançada vejo minha tarefa em transformar cada vez mais o meu *self* em minha perna de apoio, até meu eu se tornar apenas a perna de

---

38. Rainer Maria Rilke (1875-1926) foi um dos poetas mais importantes do modernismo literário. Algumas de suas obras mais famosas são: os três volumes do *Livro das Horas*, as *Elegias de Duíno* e *Sonetos a Orfeu*.

jogo. Quando meu eu morrer e não existir mais, permanece o *self* – e acolhidos no *self*, todos os momentos do meu tempo com toda sua abundância. No entanto, não consigo imaginar isso de forma concreta. Um embrião também não consegue imaginar uma vida fora do ventre da mãe; uma lagarta também não consegue imaginar o voo de uma borboleta.

Isso me provoca a perguntar: Faz sentido agarrar-se a uma existência humana individual, ou será que o aspecto individual do ser humano se funde com um *self* do todo, no qual ele se dilui como o chocolate no leite?

DAVID STEINDL-RAST

Como cristão, acredito na ressurreição da carne. Por isso, tento compreender o que poderia significar esse enriquecimento, essa colheita para a grande colmeia dourada. Conheço muitas pessoas que dizem: "Estou vivendo uma vida plena, e quando ela acabar, acabou". Essas pessoas não vivem uma vida ruim, ou sua experiência é outra?

ANSELM GRÜN

C.G. Jung disse certa vez: "Como psicólogo não posso dizer se existe uma vida após a morte. Mas como psicólogo sei da sabedoria da alma. Esta sabe que a morte não põe um fim a tudo, independentemente de como imaginarmos isso. Como psicólogo sei também que eu me torno inquieto quando minha vida contraria a sabedoria da alma". Jung, como psicólogo, reconhece que é bom acreditar nisso. Não devemos julgar.

Existem cristãos que morrem com medo, e existem outros que morrem tranquilos, porque conseguem soltar a vida, porque confiam que serão acolhidos. Mas voltando para sua pergunta: ressurreição da carne significa ressurreição da pessoa. Meu amor passa pelo corpo; meu corpo é a memória das minhas experiências. Aquilo que amadureceu chega a Deus, mas também se torna um com Deus. Não podemos separar o individual e a unificação.

Eu não poderia dizer algo contrário, como o formula meu confrade Willigis Jäger[39]: "A alma se dissolve como a onda no mar"; ou seja, o eu se dissolve completamente em Deus. Nesse caso, nada mais importa. A pessoa é salva e se torna um com Deus. Nós falamos em reencontro, mas não devemos imaginar isso como uma reunião de turma. Nosso conhecimento não tem acesso a isso, mas sugiro que sustentemos essa tensão entre pessoa e união.

DAVID STEINDL-RAST

Se eu o compreendi corretamente, justamente pelo fato de sempre dependermos com todo nosso ser de um tu que transcende o tempo e o espaço, isso não pode

---

39. Willigis Jäger (nasc. 1925) é um monge beneditino alemão, mestre zen e místico. Em 2003, Jäger se tornou diretor do Centro de Meditação Supraconfessional Benediktushof em Holzkirchen. Juntamente com Anselm Grün, escreveu o livro *Das Geheimnis jenseits aller Wege*: Was uns eint, was uns trennt. 2. ed. Münsterschwarzach, 2014 [org. de Winfried Nonhoff].

mudar quando o nosso tempo acaba. Esse relacionamento subsiste, ele é eterno. Dificilmente existe uma possibilidade de provar que as nossas experiências físicas permaneçam conscientes para além da morte, mas tenho um argumento a favor disso: Já que o divino eterno está presente em nossa experiência de cada flor, de cada cílio de uma pessoa amada, de cada suspiro mais leve, como as nossas experiências desapareceriam na morte?

Antecipo com alegria o reencontro com minha mãe, com minha avó e com meus amigos que já faleceram. Mas quero encontrar também pessoas que eu nunca pude conhecer pessoalmente. Eu gostaria de conhecer muito Joseph von Eichendorff[40]. Quero esquiar com Eichendorff, pois ele jamais esquiou durante sua vida. Tenho certeza de que ele gostaria disso. Consigo imaginar isso, e não tenho o direito de fazê-lo? "Aquilo que foi – diz Thomas S. Eliot – e aquilo que poderia ter sido apontam para o mesmo ponto, e este sempre está presente"[41].

Anselm Grün

Imagino também como será encontrar Santo Agostinho ou Santa Teresa de Ávila[42]. Podemos confiar nas imagens. Se usarmos a lógica para refletir sobre isso e

---

40. Joseph von Eichendorff (1788-1857) foi um poeta e escritor importante do romantismo alemão.
41. ELIOT, T.S. [1888-1965]. *Four Quartets* (1935) – Burnt Norton, I: "What might have been and what has been / Point to one end, which is always present".
42. Teresa de Ávila (1515-1582) foi uma mística e carmelita espanhola. Declarada Doutora da Igreja, é venerada como santa pela Igreja Católica.

imaginarmos os bilhões de pessoas, isso se torna difícil. Ao mesmo tempo, tudo isso se encontra além do tempo e do espaço; portanto, tudo é possível. Mas não há como saber como será exatamente. Só podemos falar sobre isso recorrendo a imagens; mas a realidade sempre se encontra além de todas as imagens. As imagens dão vida a isso. A Bíblia, por exemplo, fala do "banquete" e do "vinho".

Quando perguntamos sobre a mortalidade perguntamos pelo sentido do tempo e pela relação entre tempo e eternidade. Existe um fenômeno surpreendente que costuma ser ignorado, mas que transparece em nosso diálogo: O tempo existe! Agora e agora e agora... Nosso encontro aqui, nossos pensamentos e nossas palavras, tudo isso nunca existiu como agora neste momento. Isso, de alguma forma, surge do... nada. Isso não é um processo inacreditável, algo incrível, no fundo um milagre? O que o tempo nos ensina sobre nós mesmos e sobre a eternidade?

Anselm Grün

Durante muito tempo realizei cursos na virada dos anos. À meia-noite estávamos na igreja. De dez para a meia-noite até dez após a meia-noite ficávamos em silêncio. Eu fazia uma breve introdução: "O tempo velho se vai, e o novo tempo vem". Conhecemos esses fenômenos do tempo em que este parece não passar, enquanto o tempo parece voar quando fazemos uma experiência intensa. Também existem experiências de oração e contemplação nas quais tempo e eternidade convergem no puro presente. Mestre Eckhart[43] fala em "abundância do tempo", e esse presente é atemporal. Os gregos distinguem o tempo *chronos* – o tempo que passa e nos devora – e o tempo *kairós* – o tempo do momento favorável ou da abundância.

Os gregos imaginam o *Kairós* como um jovem com um cacho de cabelo à testa. Quando *Kairós* aparece precisamos agarrá-lo pelo seu cacho. Existem também oportunidades perdidas, mas cada tempo tem suas oportunidades. Não as mesmas de ontem, mas outras. Em determinada época surgiu a oportunidade de derrubar o Muro de Berlim. Hoje existem outras. Mas também é importante aproveitar o tempo sem um propósito específico, sem qualquer atividade. O tempo simplesmente existe.

DAVID STEINDL-RAST

O tempo tem muitos aspectos diferentes. Para a ciência, ele é uma função do espaço. A ciência se refere ao aspecto do tempo que pode ser medido com um relógio – o *Chronos*, como você o chamou com recurso à mitologia grega. Esse aspecto não nos interessa aqui. Temos o direito de nos concentrar também em outros aspectos do tempo, aspectos que nos afetam pessoalmente.

---

43. Mestre Eckhart (Eckhart von Hochheim (1260-1328) foi um dos teólogos, filósofos e místicos mais importantes da Baixa Idade Média. Uma das preocupações principais desse frade dominicano era a propagação de uma prática de vida espiritual entre o povo. Cf. MEISTER ECKHART. *Deutsche Predigten und Traktate*. 7. ed. Hamburgo, 2007 [trad. de Josef Quint].

Você mencionou um aspecto muito importante com sua imagem do *Kairós*, do jovem com um cacho de cabelo à testa. Para mim, o aspecto mais importante do tempo é a oportunidade que precisamos agarrar pelo cabelo. O fato de que cada momento me oferece uma oportunidade, é um presente. Quando aproveito uma oportunidade recebida, eu demonstro minha gratidão por ela.

Por meio desse dar e receber, toda a vida se transforma em um diálogo com o mistério insondável, que me oferece oportunidades a cada momento. A eternidade, da qual o tempo jorra, quer que nós aproveitemos essas oportunidades. Agora e agora e agora, fazer algo com cada oportunidade oferecida significa, portanto, entrar em diálogo com a eternidade no meio do tempo.

13
Ser totalmente eu mesmo
Ou: Sobre a oração como espaço de liberdade

A oração e a meditação religiosa são gestos primordiais do ser humano. Nós os encontramos em todas as culturas e religiões, e a oração é possivelmente tão antiga quanto o próprio ser humano. Rezar faz parte dele, mas também há determinadas formas de oração que podem nos enganar. Existe, por exemplo, a tentação de querer convencer Deus a respeito de algo, de querer invocá-lo, manipulá-lo magicamente e obrigá-lo a fazer isso ou aquilo. Como essas noções equivocadas e posturas erradas podem ser evitadas? O que significa orar e viver em contemplação, em seu sentido autêntico?

ANSELM GRÜN

A petição é apenas uma forma de oração. Podemos pedir tudo a Deus, mas após cada petição precisamos dizer: "Que seja feita a vossa vontade". Também podemos expressar diante dele a nossa carência. Quando o fazemos, ela se transforma. No entanto, rezar é mais do que pedir; é encontrar-se com Deus. Nela a pessoa se oferece a Deus e permite que tudo venha à tona. A oração é para mim um autoconhecimento terapêutico na presença de Deus. Orar também pode ser apenas sentar-se em silêncio na presença de Deus e perceber o que vem do interior. Então, se oferece aquilo a Deus, esperando que o amor dele permeie tudo. Tudo pode ser; tudo é transformado.

Às vezes convido as pessoas a rezarem durante meia hora em voz alta – eu também faço isso. O que quero dizer a Deus? Quando se ouve a própria voz é possível perceber que tudo aquilo são frases feitas; ainda não expressou a verdade. Não é isso o que se quer dizer a Deus; não passa de uma rotina superficial. Quando a pessoa fala ela se aproxima aos poucos de sua verdade e do seu anseio mais profundo. Quando ela expressa sua ânsia interior, a oração se transforma em algo muito íntimo.

DAVID STEINDL-RAST

Acho isso um exercício interessante – eu nunca tentei rezar assim. Quando as pessoas confundem "oração" com "fazer pedidos", é bom lembrar que essa é apenas uma das muitas formas de se dirigir a Deus. Lembro-me de uma mãe que dizia a seu filho pequeno para fazer sua oração noturna. O garoto dizia a ela: "Mamãe, existem noites em que não preciso de nada..." Muitas pessoas pensam assim. Só começam a rezar quando necessitam algo.

Você igualmente mencionou a diferença entre religião e magia, entre oração e invocação. Na minha opinião, uma oração autêntica não só termina, mas também começa com esta frase: "Seja feita a vossa vontade". A magia mais eficaz é quando o mágico conhece o nome de um deus. Um professor também precisa chamar um aluno pelo nome, se quiser sua atenção. "Você aí, o segundo à direita na terceira fila" – isso não impressiona muito. E mesmo um cachorro, eu me sinto mais seguro se posso falar "Flocky!", e não apenas: "Ei, seu cachorro aí, me deixa em paz!"

O nome é um recurso muito importante para exercer controle sobre alguém. E a magia pretende controlar a realidade divina, e usando-a para os seus propósitos. Por isso, Deus disse a Moisés: "Eu não lhe direi meu nome". E a palavra "Javé", que costuma ser traduzida como "Eu Sou Aquele que Sou", não é um nome propriamente dito. Significa: "Eu estarei presente como aquele que estará presente". Eu irei ao seu encontro não como você quiser. E a primeira petição no Pai-nosso – "Santificado seja o vosso nome" – é um pedido de não cair na tentação da magia, mas de preservar a liberdade de Deus de me surpreender.

ANSELM GRÜN

O que você disse sobre o nome de Deus – "Eu estarei presente como aquele que estará presente" – é um aspecto. Poderíamos dizer também: "Eu sou eu". Uma criança é naturalmente espiritual quando possui um senso de "Eu sou eu" ou "Eu sou singular". Esse é um dos aspectos de Deus. Os gregos traduziram isso assim: *"Ego eimi ho on"* – "Eu sou o ente". Alguns dirão que isso é uma distorção, mas para mim representa uma profunda experiência de Deus: quando sou simplesmente de forma primordial, puro ser – sem ter que me justificar ou defender. Às vezes fazemos essa experiência: "simplesmente sou". Então, temos uma noção de Deus, que é puro ser, que não precisa provar ou fazer qualquer coisa para ser. Nesse sentido, essa experiência do "Eu sou" também pode nos levar a uma experiência do ser de Deus.

DAVID STEINDL-RAST

Sim, Buber também dá grande ênfase no "eu", que por natureza se encontra em relação com o tu. Sempre se trata de um "estar em relacionamento". Estar vivo significa realizar relacionamento. No fundo, a oração é um estar vivo por meio do relacionamento com Deus. A glória de Deus é o ser humano vivo[44] – no sentido de um estar vivo consciente por meio da relação com Deus.

Experimentamos nossa relação com aquele mistério último, ao qual nos referimos com a palavra "Deus", de três modos bastante diferentes. Em primeiro lugar, no âmbito do silêncio. Quando nos aprofundamos no silêncio vivenciamos todo um mundo de oração. Essa é a oração do silêncio, nossa oração ao Pai. Nosso Pai é o fundo do silêncio, do qual surge o *logos*, a palavra. Um segundo modo do encontro com Deus é viver sua palavra. Ele também nos abre todo um mundo de oração: ouvir a palavra que Deus me fala no momento e responder, descobrir que eu mesmo sou uma palavra de

---

44. Referência a: "A majestade de Deus é o homem vivo; a vida do homem, a contemplação de Deus" (Ireneu de Lyon. In: *Adversus Haereses*, IV; 20,7).

Deus. Sou uma palavra que Deus fala ao mundo; mas Ele não só me expressa, como também se dirige a mim. Ferdinand Ebner expôs isso de forma compreensível em seus escritos[45].

Mas ainda existe um terceiro modo de vivenciar o mistério divino, um terceiro mundo de oração: o mundo da compreensão. Compreendemos mais perfeitamente por meio da ação. Todo professor sabe disso: "Diga algo aos alunos e suas palavras entrarão por um ouvido e sairão pelo outro. Mostre-o a eles, e isso aumentará a esperança de que eles se lembrarão. Deixe-os fazê-lo, e eles compreenderão intimamente". A oração da compreensão é chamada de *"contemplatio in actione"*[46], ou seja: por meio da ação Deus é compreendido. Rilke também o expressa lindamente: "Tu só serás compreendido na ação". Reza assim, pois Ele sabe:

> Existem no fundo apenas orações,
> assim nossas mãos foram consagradas
> para que nada criassem que não implorasse;
> seja pintando ou colhendo,
> já na luta das ferramentas
> desdobra-se a piedade.

Tudo é oração, seja no silêncio, na palavra ou na compreensão por meio da ação. Isso é a imersão total no Deus triuno mediante a oração. Orar significa sincronizar-se com a vida por meio do silêncio, da palavra e

---

45. Cf. EBNER, F. *Das Wort und die geistigen Realitäten* – Pneumatologische Fragmente. Münster, 2009 [org. de Richard Hörmann].
46. Recomendamos nesse contexto: ROHR, R. *Contemplation in Action*. Albuquerque NM: Center of Action and Contemplation, 2006.

da compreensão – com a vida compreendida aqui como imagem para o mistério divino.

ANSELM GRÜN

Para mim também é importante que a oração seja o silêncio, no qual tudo vem à tona; a oração dialógica, na qual mostro tudo a Deus. Mas o propósito da oração é alcançar o silêncio, no qual todos os pensamentos deixam de existir, quando sou um com Deus. Os monges antigos diziam o mesmo: "A dignidade do ser humano consiste em rezar sem distração. Isso significa tornar-se um com Deus".

Orar significa, para mim, alcançar o espaço onde Deus é Senhor em mim. Lá, tenho direito à vida; lá, nenhum inimigo consegue me ameaçar; lá, sou protegido. A oração é um refúgio, um espaço de liberdade, onde nenhuma pessoa pode me ferir, onde a opinião delas não importa, onde nenhum sentimento de culpa me oprime, onde posso ser totalmente eu mesmo. Este é, para mim, o propósito da oração.

Vocês pertencem à ordem mais antiga do Ocidente, à Ordem Beneditina[47]. São Bento sempre se concentrou na contemplação de forma especial: *ora et labora et lege* – ore, trabalhe e leia. O que podemos aprender da vida monástica e contemplativa dos monges?

---

47. Bento de Núrsia (480-547) fundou em 529 no Monte Cassino, próximo a Nápoles, num templo de Apolo, o primeiro Mosteiro dos Beneditinos.

Os hóspedes do nosso mosteiro se comovem principalmente com o ritmo das orações e do trabalho. Eles podem encontrar um ritmo saudável de ação e contemplação em sua própria vida, sem a necessidade de nos imitar ou de rezar tanto quanto nós o fazemos. Eles podem, por exemplo, iniciar e encerrar o dia em um ritmo espiritual. – O ritmo está ligado a rituais, que indicam um tempo sagrado, um tempo que não é afetado pelo mundo. Eles podem, por exemplo, criar um tempo sagrado no meio do dia, um tempo que pertence exclusivamente a eles, protegido de qualquer correria. Um tempo em que podem respirar, quando eles mesmos vivem, e não "são vividos". O outro aspecto de *ora et labora* é compreender por meio da ação, pois o trabalho também pode ser um desafio espiritual. Quando ocorre a entrega na oração, essa mesma entrega também deve ocorrer no trabalho. Muitos se queixam e alegam que o trabalho não lhes permite rezar. Precisamos, portanto, do ritual, do tempo, mas precisamos também da tranquilidade no trabalho.

O *ora et labora* de São Bento ressalta que oração e trabalho estão interligados, que o trabalho também é uma ocasião em que eu aprendo a me entregar, a servir, a abrir mão do meu ego. Para São Bento, não existe contradição entre oração e trabalho. Por isso, ele dizia: "Quando alguém está ocioso num domingo, é melhor que trabalhe". O que importa é entregar-se a Deus, tanto na oração quanto no trabalho. Conheço pessoas que interpretam a oração e a contemplação como um girar narcisista em torno de si mesmas. Uma delas queria entrar no mosteiro e disse: "Sou um tipo contemplativo. Posso trabalhar no máximo três horas por dia". – Com essa postura ela não seria aceita nem mesmo pelos trapistas[48]. Eles também trabalham pelo menos seis horas por dia. Algumas pessoas têm muito tempo livre, mas nada flui delas porque giram em torno de si mesmas. A oração é, porém, um fluxo, da mesma forma como o trabalho deveria ser.

Você entende a entrega ao trabalho como uma forma de vida contemplativa, também no sentido de que não é necessário ter uma postura religiosa, mas que o importante é o modo como se dedica a alguma coisa, seja arando um campo, construindo um armário, cuidando de enfermos, projetando um edifício ou escrevendo um livro? Seja o que for, se eu me entregar completamente a uma coisa, isso já é uma atividade contemplativa ou existe alguma diferença?

Anselm Grün

O trabalho autêntico é entrega. Eu me entrego completamente à atividade de arar, de construir ou de escrever. Estou completamente focado. As pessoas que veem a oração como prática narcisista giram tanto em torno de si mesmas, que nunca estão focadas no trabalho, mas sempre desejam estar em outro lugar, preferencialmente

---

48. Os trapistas se destacam por suas rigorosas regras de silêncio e de seus exercícios de oração em isolamento do mundo. Eles são uma Ordem autônoma, mas surgiram no século XVII como ramo reformador da Ordem dos Cistercienses.

em sua própria companhia. Consequentemente, ficam atoladas e não conseguem entrar no fluxo. Precisamos nos perguntar: "Que tipo de emoção irradio em meu trabalho? Irradio paz, irradio amor?" Por isso, é necessário que as emoções no trabalho sejam purificadas por meio da oração. Durante muito tempo fui celeireiro[49], tendo irritações e decepções. Mas percebia perfeitamente que era responsabilidade minha escolher a postura que regressava ao escritório no dia seguinte: "Pretendo me vingar daqueles que me decepcionaram, ou prefiro irradiar paz, confiança, clareza e amor?" O trabalho é o teste que revela se a oração corresponde ou não à postura adotada. É, a um só tempo, um teste e uma continuação da oração. Trata-se da entrega e da libertação do ego, ou não. Podemos observar essa conduta na postura tensa da pessoa que usa seu trabalho para provar constantemente seu valor, ou no camponês que se entrega completamente à atividade de arar seu campo, sendo sereno e altruísta.

DAVID STEINDL-RAST

Há um monge em todas as pessoas; nelas existe o anseio pelo "um"[50]. O anseio humano procura encontrar o "um" na diversidade, e isso se realiza de forma específica na vida monástica. No entanto, muitas tradições

---

49. Vem do latim *cellerar* (derivado de *cellarium*: dispensa de alimentos), que originalmente era o supervisor de alimentos na Ordem Beneditina e hoje designa o administrador de mosteiro.
50. Monge é derivado da palavra grega *monachós* ("sozinho", "um").

monásticas conhecem histórias de um monge que acreditava ter alcançado o auge da ascese, mas descobre por meio de um anjo que ele ainda precisa de um mestre. E para grande surpresa desse monge, esse mestre é um leigo completamente comum; por exemplo, o dono de uma taberna ou um açougueiro budista. Isso nos mostra que, muitas vezes, os não monges podem discretamente realizar aquilo que os monges procuram alcançar. Padre Damasus Winzen – fundador do nosso mosteiro nos Estados Unidos – sempre disse aos seus monges: "Vocês não estão no mosteiro porque são melhores do que as outras pessoas. Pelo contrário: as pessoas lá fora não precisam de todas as muletas que nós temos no mosteiro".

Anselm Grün

Existe uma linda história de um monge que nos ensina isso: jamais acredite ser algo especial, antes imagine que você é um cão raivoso que precisa ficar preso à coleira.

Monge David, quero saber como você pensa sobre o sentido da vida contemplativa – não estou me referindo especificamente à vida monástica. Quais são os passos mais importantes para uma vida realizada? E como posso saber que estou num bom caminho espiritual?

David Steindl-Rast

A minha experiência me diz: É quando tudo flui bem e acontece como que automaticamente, quando não preciso fazer muito. Não sou impulsionado de fora, mas de dentro. No que diz respeito ao fluir, precisamos discernir: há diferença entre o peixe que aproveita a correnteza para nadar e um pedaço de madeira que simplesmente é levado pela correnteza. O peixe aproveita a correnteza da água e pode até nadar contra ela; já o pedaço de madeira simplesmente é levado, de forma passiva. Ou seja, acompanhar o fluxo da vida não é deixar-se levar pela correnteza, mas responder ativamente a ela.

Na prática, disso resulta um triplo passo: deter-se, conscientizar-se, reagir. Sempre preciso encontrar momentos de silêncio no meu dia a dia; caso contrário a correnteza das minhas atividades me arrasta consigo. Deter-se, este é o primeiro ponto. Depois vem a conscientização: Quais são as oportunidades que a vida me oferece aqui e agora? E no terceiro passo eu respondo por meio dos meus atos, aproveitando a oportunidade. Este é o passo triplo ao qual sempre retorno. – Passo triplo porque sou de Viena e lá dança-se a valsa em compasso ternário. Ou seja: deter-se, conscientizar-se e responder por meio de ações; essa me parece ser a receita para uma vida realizada.

ANSELM GRÜN

Já que você falou em deter-se – sendo também um linguista –, a língua é maravilhosa também neste particular: preciso *des-ter-me* para *ter-me* interiormente, e quando *tenho-me* interiormente posso voltar a *ter-me* exteriormente.

Quais são para vocês os indícios de que uma pessoa está em um bom caminho?

ANSELM GRÜN

Certamente a paz interior, a aura de benevolência e de paz que irradia da pessoa. Quando algo floresce por meio do ser dessa pessoa e ela consegue se relacionar. Não é à toa que São Bento testava os monges para saber se eles realmente procuravam Deus. Reconhecia isso em um monge com a ajuda de três sinais: se ele demonstrava zelo pelo serviço a Deus, se era capaz de se envolver com a comunidade e se estava disposto a ser desafiado pelo trabalho. Em termos psicológicos isso significa: capacidade emocional, capacidade relacional e capacidade de desempenho. Para mim, são aspectos importantes. E também o que você disse: não deixar-se levar, estar presente no momento, conseguir se focar no momento e no outro.

Existem pessoas que desejam encontrar tranquilidade, mas não suportam o silêncio, porque algo as inquieta. Conseguir suportar o silêncio, encará-lo com a verdade que dele emerge, isso é contemplação. Contemplar não é ficar parado, mas atravessar o caos dos pensamentos e sentimentos e alcançar o espaço interior do silêncio, para lá encontrar uma noção da união consigo mesmo e com Deus, o fundamento de todo ser. Disso resulta a ação eficaz. Também existem pessoas que ficam tão fascinadas com a contemplação, que se recusam à ação. Isso é um perigo para a mística. É importante que a tranquilidade da contemplação se manifeste na ação. Quando alguém se deixa levar pela correria demonstra que algo está errado com ele.

Vemos isso também no mundo da economia. Existem empresas que acreditam na necessidade de mudanças constantes; confundem liderança com alvoroço; fazem muito, mas sem qualquer resultado. Mas a transformação verdadeira resulta da tranquilidade; diretores que agem com tranquilidade costumam ter uma visão mais ampla. Quando mudam algo, eles o fazem de forma fundamentada. Precisamos, portanto, desses dois polos para ter uma vida eficaz; no entanto, não devemos submeter a contemplação a determinados propósitos, só para poder trabalhar melhor. A única coisa importante é que a contemplação precisa se expressar também na figuração do mundo. Vemos isso no Pai-nosso. Essa oração está no centro do Sermão da Montanha. O Evangelista São Mateus pretende nos dizer: o centro é a experiência espiritual, mas ela precisa se expressar em uma conduta transformada. Se eu interpretar o Sermão da Montanha sem o Pai-nosso, apenas como instrução de ação, eu me sentirei incapaz de fazer algo. Para realizar preciso da oração, da contemplação como centro das minhas atividades. A oração sem mudança de comportamento é apenas narcisismo; ação sem contemplação é ativismo. A essência do ser humano exige ambos os lados.

DAVID STEINDL-RAST

Percebe-se que você fala com base em uma rica experiência como administrador. Eu resumiria o centro da espiritualidade beneditina em duas palavras: atenção plena. Hoje em dia essa expressão talvez seja vista como um modismo e interpretada de forma solipsista. Por isso, preciso acrescentar: trata-se de atenção plena dialógica, de uma atenção relacional holística.

Anteriormente, Padre Anselm falou sobre a importância do silêncio para essa atenção plena, mas que existem pessoas que não o suportam. O que caracteriza esse silêncio? O que o silêncio nos revela quando tentamos ouvi-lo?

David Steindl-Rast

Sobre o silêncio não se pode dizer muita coisa. Até podemos falar algo sobre ele, mas o essencial dificilmente pode ser expressado por palavras. Afinal de contas, silêncio é aquilo que transcende todas as palavras.

Anselm Grün

Diferenciamos entre não falar e silêncio. Para não falar é preciso fazer algo: calar a boca e os pensamentos. Silêncio é algo dado: o quarto está em silêncio, a igreja está em silêncio, a floresta está em silêncio, a montanha está em silêncio.

Silêncio significa perceber o que é; ele tem um efeito curador. O primeiro passo é o calar-se no silêncio, o encontro consigo mesmo. O segundo passo é soltar e libertar-se. O terceiro passo é tornar-se um consigo mesmo, com o fundamento e o mundo ao redor, tornar-se um também com Deus. Mas muitos têm medo disso, porque no silêncio vem à tona tudo o que há dentro deles. Poderia vir à tona que há algo errado em sua vida ou poderiam emergir sentimentos de culpa. Assim, essas pessoas preferem fugir de si mesmas.

DAVID STEINDL-RAST

Suas palavras me lembram os três caminhos da mística: a *via purgativa*, a *via illuminativa* e a *via unitiva*[51]: a purificação ou esclarecimento interno, a iluminação e a união. Parece-me que o encontro consigo mesmo tem muito a ver com o esclarecimento e que o soltar-se é um aspecto interessante da iluminação. Não confiamos mais em nossa pequena luz, mas naquilo que realmente é. No Sl 36 cantamos: "Em tua luz contemplamos a luz". No fim do caminho está a união com aquilo que é.

Se eu entendi corretamente, você tem uma imagem diferente de iluminação do que aquela que conhecemos do budismo?

ANSELM GRÜN

Aquilo que o budismo chama de *satori*[52] já é a terceira fase, a *via unitiva*. Este é o objetivo da contemplação:

---

51. Os três caminhos remetem a Dionísio Areopagita, pai da "teologia negativa". Cf. nota 28.
52. O budismo chama de *satori* aquela experiência pessoal da iluminação que reconhece a essência universal da existência. Cf. "natureza Buda" ou fundamento primordial.

adquirir clareza em relação a tudo e tornar-se um com tudo. A *via illuminativa* é o modo como a luz divina nos penetra e afasta a escuridão. No cristianismo isso é uma continuação do processo de iluminação.

DAVID STEINDL-RAST

Quero apontar aqui um possível equívoco que poderia resultar desse modo de expressão, pois ele suscita a noção equivocada de que Deus ilumina de fora o interior do ser humano. Percebo agora que eu mesmo tento compreender de forma mais clara. Talvez poderíamos dizer que a iluminação e a união das *vias illuminativa* e *unitiva* são um processo de tornar-se verdadeiro – num nível mais elevado reencontramos nossa união universal primordial. Se o expressarmos dessa forma não correremos o perigo de sermos interpretados de forma dualista.

ANSELM GRÜN

Para Evágrio Pôntico[53], a união com Deus também é a união consigo mesmo e com tudo o que existe. Peter Schellenbaum[54] diz: "É maravilhoso estar a sós, ser só um, ser um com tudo". Não devemos entender a união

---

53. Evágrio Pôntico (345-399; em grego, Evagrios Pontikos) foi teólogo e monge (Padre do Deserto), mediador da espiritualidade monástica entre o Ocidente e o Oriente. Evágrio é o fundador da "doutrina dos oito males", que adotou de João Cassiano, desenvolvendo-a.
54. Peter Schellenbaum (nasc. 1939), teólogo católico e psicanalista, autor de numerosos livros, administra desde 1993 um instituto de formação e terapia em Orselina, perto de Locarno, Suíça.

primeiramente como união com Deus. Existe também uma experiência de união em que simplesmente sou um e não percebo nenhum tu, mas apenas o puro ser. Isso também é uma união, a união com a profundeza e o fundamento. Acredito ser isso que São Gregório[55] descreve quando diz que São Bento teria visto o mundo inteiro em um único raio de sol. Aqui transparece a união com tudo.

Poderíamos dizer que o objetivo da vida contemplativa é viver em determinada intimidade? Na intimidade com aquilo que me sustenta e com aquilo que também sustenta você, ou seja, com tudo aquilo que nos comove em cada momento?

ANSELM GRÜN

Eu diria que sim. Contemplação significa intimidade, significa dizer sim a tudo e a todas as pessoas nessa intimidade. Evágrio descreve essa intimidade interna como distintivo do monge contemplativo: "Um monge é um homem que se separou de tudo, mas que, mesmo assim, sente-se conectado a tudo". Na base dessa experiência contemplativa de intimidade nosso trabalho adquire outra qualidade quando reconhecemos que não estamos sós, mas que dependemos uns dos outros. O agir de uns para com os outros é importante na experiência de comunhão, também para os beneditinos.

---

55. Papa Gregório o Grande (540-604), o mais jovem dos quatro grandes Padres da Igreja, escreveu a biografia de São Bento de Núrsia.

David Steindl-Rast

A palavra latina *contemplatio* contém a sílaba *con*. Isso nos lembra que duas realidades precisam ser unidas, que a vontade de Deus deve ser realizada "assim na terra como no céu" – este é o propósito da contemplação. Pois o *templum*, que também se esconde na palavra contemplação, originalmente não era um templo na terra, mas medida e ordem do céu. *Con-templatio* era a projeção dessa ordem celestial eterna sobre a finitude da terra. O hinduísmo nos deixa estas palavras: "Quando as medidas do templo forem corretas o mundo inteiro estará em ordem". Essas duas coisas não podem ser separadas: a contemplação do céu e o realinhamento ativo do mundo com aquilo que foi contemplado. A contemplação precisa fazer jus a essas duas tarefas. É por isso que a divisão entre *actio* e *contemplatio* é, no fundo, um equívoco. A *contemplatio* autêntica já inclui a *actio*.

Anselm Grün

Karlfried Graf Dürckheim[56] sugeriu meditar toda manhã e toda noite. Certa vez, um aluno lhe disse: "Medito toda manhã e toda noite. Estou no caminho". Dürckheim lhe respondeu: "Se seu dia a dia não for exercício, nada disso adianta". Outro lhe disse: "Estou

---

56. Karlfried Graf Dürckheim (1896-1988) era um psicoterapeuta alemão e mestre zen. Juntamente com Maria Hippius, fundou a terapia iniciática.

sempre na presença de Deus". Dürckheim lhe respondeu: "Se você não meditar toda manhã e toda noite, nada disso adianta". Percebemos aqui uma tensão. Normalmente precisamos de exercícios, mas não podemos nos fixar neles. Por outro lado, há pessoas que cultivaram uma contemplação interna, que já não estão tão fixadas em exercícios externos. Outras, ainda, praticam uma meditação obsessiva.

DAVID STEINDL-RAST

É importante diferenciar meditação de contemplação. Por meio da meditação nos focamos na imagem ideal; por meio da contemplação aplicamos esse ideal à realidade. A meditação deveria servir à contemplação. A meditação nos ajuda a sintonizar a ordem celestial para que, então, realizemos essa ordem em nossa vida caótica.

Períodos de meditação fazem parte da contemplação. Quero explicar isso com a ajuda de um exemplo simples: o Dia das Mães. Aqui ele representa a meditação: é um dia no ano em que refletimos sobre o que nossa mãe significa para nós. Mas isso não significa que pensamos nela apenas uma vez ao ano. Precisamos desse dia especial para honrá-la ainda mais nos outros 364 dias do ano. Precisamos de períodos de meditação para que toda a nossa vida se torne contemplativa.

Há uma multidão de pessoas que não veio de uma tradição religiosa específica e não se familiarizou com uma prática religiosa durante sua formação. Há excesso de ofertas de sentido e de salvação, sendo que muitas vezes é difícil reconhecer a motivação dessas ofertas. Como uma pessoa que está à procura e que não tem uma pátria espiritual pode enfrentar essas ofertas? Como essa pessoa pode encontrar um acompanhamento e uma interpretação confiável do mistério e do sagrado que possa conduzi-la no dia a dia?

Anselm Grün

Primeiramente eu prestaria atenção à linguagem empregada. Quando alguém oferece algo como solução para todos os problemas, sempre fico reticente. Todo caminho é um caminho de exercício. Todas as propostas arraigadas em tradições religiosas, como a meditação zen no budismo ou a oração contemplativa e os rituais de oração no cristianismo, são adequadas. Mas sempre tenho minhas dúvidas quando alguém inventa novas estratégias para resolver problemas. Isso não é realista.

David Steindl-Rast

O verdadeiro problema ao qual você se refere é que não temos rituais. Em relação às ofertas eu diria: o que ajuda é bom. Já o fato de termos perdido os rituais e de nossos filhos crescerem sem as experiências da oração é fatal para o futuro do ser humano. Assim como a poluição do meio ambiente e a mudança climática, a perda de rituais também é extremamente perigosa, porque as crianças precisam da experiência de segurança e de acolhimento de sua existência para uma vida interna e externa firme. Só podemos transmitir isso a elas por meio de rituais autênticos[57] que lhes permitam vivenciar a inserção em relacionamentos firmes. Se não tivermos a ajuda de rituais na infância para nos sentirmos "em casa", ficaremos desnorteados.

ANSELM GRÜN

Perdemos a orientação e a forma. Muitas crianças e adolescentes de hoje são inquietos e apresentam problemas psicológicos. Por outro lado, sabemos que nos lugares em que rituais são celebrados existe mais segurança para eles em sua formação como seres humanos. Crianças e jovens precisam se conectar com uma outra realidade, com o transcendente, com o divino. Porém, muitas famílias abandonaram a transmissão da fé ou já não conseguem fazê-lo como antigamente.

No entanto, percebo que hoje há mais abertura aos rituais. Às vezes – quando sou convidado para um congresso de médicos, por exemplo – encerro minha palestra com um ritual de silêncio, para que os participantes adquiram a noção do que acontece quando tentam simplesmente ouvir o que se desenvolve em determinado espaço. Então faço uma oração simples nesse silêncio. A maioria gosta de participar.

---

57. Cf., p. ex., o trabalho espiritual com homens, de Richard Rohr (ritos de iniciação para homens) [Disponível em http://cac.org/events/menaslearnerselders/mrop]. • Livro: *Endlich Mann werden:* Die Wiederentdeckung der Initiation. Munique. Para pais, cf. BIESINGER, A. *Kinder nicht um Gott betrügen.* Friburgo: Herder. • LANGENHORST, G. *Kinder brauchen Religion.* Friburgo: Herder, 2014.

Voltando à pergunta sobre a diferença entre ofertas autênticas e ofertas falsas, respondo que não é fácil distingui-las. Sempre que alguém tenta me manipular, incentiva a me livrar do meu pensamento ou me sugere alcançar um "nível superior de conhecimento" mediante uma oferta vaga, fico em estado de alerta. A liberdade pessoal é importante, e a oferta não pode contrariar a essência humana, não pode inundá-la com algo totalmente estranho. Só ajuda aquilo que corresponde à própria alma. Por isso eu tentaria dar ouvidos ao meu sentimento.

DAVID STEINDL-RAST

Você mencionou um ponto importante. Durante anos tentei encontrar uma distinção clara entre educação religiosa útil e a prejudicial. Em minha atual concepção a diferença decisiva é o objetivo visado: dependência e submissão ou autonomia.

Quando uma comunidade ajuda alguém a encontrar sua própria liberdade e a andar sobre os próprios pés devemos avaliá-la como positiva. Quando ela o priva de sua liberdade e o torna dependente por meio do medo, muito provavelmente essa pessoa não está em um bom caminho.

Podemos ilustrar isso fazendo uso da obediência beneditina. Durante certo tempo o jovem monge precisa fazer o que o abade lhe ordena. Mas o objetivo é que ele aprenda a agir livremente, sem que alguém lhe diga o que precisa ser feito. O objetivo da obediência é a liberdade. São Bento via seu mosteiro como escola que ensina a servir corretamente a Deus – *schola Dominici servitii*. O perigo em todas as escolas – também no mosteiro – é educar os alunos não para a autonomia, mas para a submissão. Uma escola deve treinar, não segurar.

As pessoas são mantidas onde estão para que permaneçam manipuláveis e porque a "mensalidade" é muito lucrativa para o guru ou dono da escola.

ANSELM GRÜN

É claro. Temos a impressão de que em determinadas tradições espirituais os mestres precisam mais de seus alunos do que vice-versa.

DAVID STEINDL-RAST

Sim. Isso é um grande perigo.

14
O pecado e o mal
Ou: Por que estamos emaranhados em culpa

A história bíblica da queda é uma das mais citadas na arte, mas também um dos mitos mais mal-entendidos. Muitos imaginam um primeiro casal de seres humanos, Adão e Eva, que – por ter comido da fruta da árvore do conhecimento – foi expulso do paraíso por um Deus ciumento e, por isso, precisou sofrer e morrer na terra. Dessa forma, porém, a história não faz qualquer sentido. Precisamos reaprender que se trata de um mito, que, apesar de expressar uma verdade eterna por meio de uma imagem, é repetido na história individual de cada ser humano?

ANSELM GRÜN

Podemos interpretar a história da queda de muitas formas diferentes. A princípio, trata-se de uma imagem que pretende explicar o seguinte problema: Deus criou o ser humano como um ser bom, mas o mundo não é apenas bom, o ser humano também é mau. Nesse caso, o mito é uma tentativa de explicar a origem do mal por meio de uma imagem. Eugen Drewermann[58] escreveu um longo tratado sobre isso. Ele acredita que o pecado original é o medo de não ser como Deus. O ser humano depende de Deus, mas ele não quer isso. A história da queda continua com Caim, que não suporta o fato de o sacrifício de seu irmão receber o favor de Deus e que, por isso, o mata. Depois, a Bíblia fala da Torre de Babel: os seres humanos acreditam poder fazer tudo como Deus. A história da queda pretende nos mostrar que o ser humano apresenta não só tendências positivas, mas também negativas de desperdiçar a vida e errar o propósito dela. Pecado é *hamartia* em grego, e significa "errar um alvo" e viver uma vida que não esteja em concordância com sua verdade. A história da queda não trata tanto de Adão e Eva, mas do mistério do mal. No fim das contas, o mal é um mistério tanto como Deus o é. Ele não é um poder autônomo no mesmo nível de Deus, de modo que dois deuses estariam lutando pelo poder, como algumas religiões acreditam. Existe um único Deus. A imagem bíblica tenta apenas explicar a origem do mal, mas ele permanece um mistério.

---

58. Eugen Drewermann (nasc. 1940), teólogo alemão, psicanalista e escritor. É um dos representantes mais conhecidos da exegese bíblica baseada na psicologia profunda e autor de numerosos livros.

O Doutor da Igreja Tomás de Aquino[59] falou sobre o mal como uma *privatio boni*[60]: privação do bem. O mal surge onde o bem, que deveria ser praticado, não o é; onde o bem não ocorre.

DAVID STEINDL-RAST

O mal é um buraco onde algo deveria existir. Eu costumo interpretar o conceito de pecado a partir da palavra alemã correspondente: *Sünde*, que está vinculada ao verbo *absondern*: separar, isolar-se. Isso permite entender o conceito de maneira fácil: qualquer coisa que nos separa do nosso *self*, dos outros e do fundamento primordial do nosso ser é pecado. Se isso não ocorrer não se trata de pecado, mesmo que alguém tente convencê-lo do contrário. Talvez viole normas sociais, mas não é pecado. Podemos alterar a sequência na declaração de que o pecado nos separa do *self*, dos outros e do fundamento divino, mas o resultado permanece o mesmo. Quem estiver separado de um dos três, está isolado também dos outros. Ninguém pode dizer: "Tenho um relacionamento maravilhoso comigo mesmo, mas não com os outros". Há algo errado nisso. Separação é separação.

---

59. Tomás de Aquino (1225-1274) foi o teólogo e filósofo mais importante da escolástica medieval; sendo um dos 35 doutores da Igreja Católica, é chamado de "Doutor Angélico. Sua principal obra é a *Suma teológica*. Foi canonizado em 1323.

60. *Privatio boni* se refere à ausência do bem e significa que o mal não possui uma substância própria; é um parasita que se alimenta do bem. Tomás de Aquino explica isso com o exemplo da cegueira. Ela existe em virtude da ausência de visão.

Mas quando uma pessoa permanece em contato com o seu ser mais íntimo, com o seu próximo e com Deus, não precisa se preocupar. Visto externamente, o mesmo ato pode ser pecaminoso em determinada situação, mas não em outra. A avaliação de um ato sempre depende da situação. No entanto, quando ponderamos a pecaminosidade precisamos nos lembrar de que o ser humano é mestre da autoenganação. Pecado é separação. É um "não" à comunhão, e por isso seus efeitos são desastrosos em todos os âmbitos.

No cristianismo o conceito de pecado é muito difícil porque temos diferentes níveis de significado. Falamos, por exemplo, do "pecado hereditário" ou do "pecado original". Muitas pessoas têm, por isso, esta noção ingênua: "No início houve um casal chamado Adão e Eva. Os dois pecaram, e por isso toda a humanidade está amaldiçoada. Não escolhemos os nossos ancestrais". Porém, se entendermos a história dessa forma, ela faz pouco sentido.

ANSELM GRÜN

Não é necessário acreditar no pecado hereditário. É evidente que vivemos num mundo em que muita coisa está fora de ordem. O pecado hereditário não diz que algo é herdado, mas sobre a forma do mundo. Já nascemos em um mundo danificado. A Bíblia usa a imagem da culpa dos ancestrais, mas não o faz em sentido biológico. Não se trata de algo herdado pelo ser humano no momento da concepção.

Os budistas veem isso da mesma forma. Precisamos admitir que "pecado hereditário" é uma expressão muito infeliz. Separação, rompimento, isolamento, individualização são conceitos mais adequados. A noção hoje tão propagada de pecado hereditário[61] foi inventada por Agostinho. Certamente sua biografia e sua personalidade exerceram influência. Os budistas chamam essa mesma experiência de *dukkha*[62], que corresponde ao pecado original cristão. A imagem original por trás de *dukkha* é uma roda não fixada corretamente no eixo, de modo que ela se arrasta pelo chão. Cada ser humano que olha para o mundo com olhos atentos reconhece que essa roda não pode girar como deveria. Já o versículo "Pecador minha mãe me concebeu" (Sl 51,7) significa: Minha mãe já fazia parte de um mundo pecaminoso – de uma sociedade que se desviou – quando ela me concebeu.

Infelizmente, isso foi interpretado de forma completamente diferente, como se o ato da concepção fosse algo pecaminoso, pelo qual nós deveríamos nos sentir culpados.

---

61. Em latim, *peccatum originale* (pecado original, pecado primordial). Agostinho formulou a Doutrina do Pecado Original como coluna central do cristianismo ocidental. Apesar do pecado original, o ser humano pode optar pelo bem, mas apenas com a ajuda da graça de Deus. Já que o pecado original é visto como estado permanente de uma carência, resulta disso necessariamente a necessidade de salvação do ser humano. Esta é possibilitada por meio de Jesus Cristo, que se fez homem (encarnação), foi crucificado e ressuscitou. Nesse contexto, o Apóstolo Paulo cita Cristo como "novo Adão" (cf. Rm 5,12-21).

62. O budismo considera *dukkha* (sofrimento em sânscrito; literalmente "difícil de suportar") um dos três distintivos da existência e a primeira das quatro Nobres Verdades.

DAVID STEINDL-RAST

Precisamos admitir: essas palavras foram ouvidas de forma diferente porque – devido ao conceito equivocado – foram pregadas de forma diferente.

ANSELM GRÜN

Os temas da sexualidade e do pecado são uma grande sombra da Igreja. Isso tem a ver também com o celibato, com o fato de que os padres, que abriram mão da sexualidade, se fixaram nisso e sempre lhe deram um peso excessivo. Precisamos ver isso friamente; precisamos nos libertar dessa fixação em pecado e sexualidade. Na Idade Média isso não era tão extremo como no século XIX até a década de 1950.

DAVID STEINDL-RAST

Tratava-se de uma castidade vitoriana, muito propagada dentro da Igreja e que infelizmente continua a ter um efeito negativo. Mas isso nos leva a um tema completamente diferente: à tradição, que constantemente precisa sempre ser renovada. Toda tradição sempre precisa voltar às suas origens e se renovar. Trata-se de um âmbito em que deveríamos aceitar e afirmar muitas coisas que a cultura secular nos oferece – a valorização do corpo, da mulher e da sexualidade. Esses valores faziam parte do cristianismo, mas nós os perdemos.

Voltando mais uma vez ao tema do pecado: Pecado é algo inerente ao ser humano, ou seja, pelo fato de ser humano não é possível evitar?

ANSELM GRÜN

C.G. Jung diz que seria ingênuo acreditar que o ser humano seria capaz de evitar a culpa. Não existe vida humana que não fica devendo algo. Há uma tendência humana de acreditar que nunca é possível sujar as mãos, mas Jung afirma que jamais é possível uma realização plena. Nesse sentido tomemos a Parábola do Administrador Infiel (Lc 16,1-13). Querendo ou não, sempre desperdiçamos parte dos bens. A pergunta é como lidamos com a culpa. Jesus o faz de forma muito sóbria.

Essa sua parábola responde à pergunta de como se deve lidar com a própria culpa sem perder o respeito próprio. Temos duas possibilidades: ou trabalhamos duro e nos esforçamos ou nos sentimos culpados, nos ajoelhamos e imploramos. Jesus rejeita ambas as opções. Juntamente com o administrador, devemos dizer: "Eu sou culpado, você é culpado. Portanto, partilhamos a culpa. Eu entro de cabeça erguida em sua casa e você entra de cabeça erguida em minha casa". A culpa nos abre às outras pessoas. Descemos do nosso "trono de justiça" e nos tornamos humanos entre humanos. Essa é a mensagem de Jesus.

Provocar sentimento de culpa é uma forma sutil de dominação, e a Igreja se aproveitou disso. Essa dinâmica acontece ainda hoje quando os pais geram peso de consciência nos filhos, exercendo assim seu poder sobre eles.

Em Rm 3 lemos: "Jesus Cristo morreu por nossos pecados", e no *Exsultet*, hino de Páscoa, ouvimos: *"O felix culpa"* – "Ó culpa feliz, que grande salvador encontraste". Como vocês entenderiam isso?

ANSELM GRÜN

"Morreu por nossos pecados" quer dizer isto: pecado foram a covardia de Pilatos, as intrigas dos sumos sacerdotes, a traição de Judas – o pecado foi a causa da morte de Jesus. Mas não podemos fixar a salvação no pecado. Acima de tudo, Deus perdoa porque Ele é Deus, não porque Jesus morreu; a morte de Jesus não é a causa do perdão. Precisamos interpretar isso corretamente do ponto de vista dogmático. Karl Rahner disse: "A morte de Jesus na cruz transmite o perdão dos pecados. Na cruz, o amor perdoador de Deus se torna visível".

O grego entre os evangelistas, São Lucas, confirma essa teologia. Ele não conhece os conceitos de sacrifício e castigo. Se o próprio Jesus perdoa aos seus assassinos na cruz, podemos confiar que não existe nada dentro de nós que Deus não possa perdoar. No ser humano há um anseio pelo perdão e ao mesmo tempo uma resistência contra ele, no sentido de: "Se eu realmente for culpado, não acredito no perdão de Deus". Aqui, a cruz é uma ajuda para acreditar no amor perdoador de Deus. Mas não devemos acreditar que Jesus teve de morrer para que Deus pudesse perdoar. Isso é tolice. Também é um equívoco acreditar que Deus fica magoado, para então perdoar. Isso é imagem de um deus mesquinho. Ele nos oferece o amor incondicional de Jesus na cruz para que consigamos crer em seu amor perdoador.

DAVID STEINDL-RAST

Só posso confirmar isso com toda a convicção. A mensagem de Jesus é que Deus, ainda antes de termos pecado, nos perdoou. Para Ele não existem antes e depois. O pecado foi perdoado antes mesmo de todo tempo.

ANSELM GRÜN

Paul Tillich[63] chama o perdão de aceitação do inaceitável. Uma pessoa que se tornou culpada sente-se inaceitável. O que pode ajudá-la a se aceitar? Ela precisa de pessoas que a aceitem, da experiência de que Deus a aceita. Isso pode ocorrer por meio de palavras. Mas Tillich também observa que a imagem da cruz tem ajudado muitos a crerem no perdão.

DAVID STEINDL-RAST

Precisamos ressaltar: aquilo que tentamos expressar aqui é a mensagem cristã original. Você e eu temos essa

---

63. Paul Tillich (1886-1965) era um teólogo e filósofo protestante de nacionalidade alemã e norte-americana. Depois de sua emigração da Alemanha, trabalhou na Harvard University e na University of Chicago. Juntamente com Karl Rahner, Karl Barth, Rudolf Bultmann e Dietrich Bonhoeffer, Tillich foi um dos teólogos mais influentes da primeira metade do século XX.

convicção. No entanto, foram escritas bibliotecas inteiras que contradizem o que estamos dizendo aqui.

ANSELM GRÜN

Eu me ocupei intensivamente com a questão da salvação já durante meus estudos de teologia; primeiro a partir de Karl Rahner, mais tarde também com a ajuda de Paul Tillich. Quando lemos a Bíblia vemos que os apóstolos Lucas e João não recorrem ao pensamento da expiação. Em João, a cruz significa que Jesus nos amou até o fim. Lá do alto da cruz "Ele atrairá todos para si". Cruz significa: eu sou aceito com minhas contradições, com minhas feridas e com minha culpa. Em Paulo existem duas passagens que falam de expiação. A *Tradução unificada* da Bíblia[64], porém, emprega isso de maneira incorreta. Cristo se fez nossa expiação. Ele é a tampa da expiação – uma referência à tampa da arca da aliança. Porém, isso é uma imagem e não significa que Jesus pagou pela expiação. A Bíblia não diz isso. Infelizmente, esta tradução da Bíblia deu-lhe esse sentido. O que Rm 3,25 pretende dizer é que Jesus se tornou o lugar da expiação. Em seu amor, Ele se transformou, por assim dizer, em esponja que absorve todo pecado.

Vamos analisar outra passagem: "Eis o Cordeiro de Deus, que tira o pecado do mundo"[65]. Alguns exegetas

---

64. O autor se refere à edição da Bíblia conhecida na Alemanha como *Einheitsübersetzung* [N.E.].

65. Jo 1,29. O Novo Testamento chama Jesus de Cordeiro de Deus (em grego: *amnòs tou Theou*; em latim: *Agnus Dei*). Trata-se de um símbolo do cristianismo primitivo para Jesus Cristo. *Agnus Dei* também é uma oração da liturgia católica romana.

identificam essa passagem como expiação. Na realidade, ela nada tem a ver com expiação. Significa que Jesus se fez carne – a palavra grega *"sarx"* significa "efêmero". E a palavra para "Cordeiro" não é *"arnion"*, o cordeiro de expiação, mas *"amnòs"*, que significa "fútil", "puro", "inocente". Já a passagem "Ele tira o pecado do mundo" tem sua origem no Livro do Êxodo, onde Deus diz a Moisés: "Eu sou um Deus misericordioso. Eu não lhe imponho o pecado. Eu tiro o pecado". Em Jesus se manifesta o amor de Deus que retira o pecado. Carne (*sarx*), cordeiro (*amnòs*) e cruz (*stauròs*) são símbolos de insignificância, e o fato de a cruz ser elevação e consumação é o paradoxo.

DAVID STEINDL-RAST

A interpretação da morte de Jesus como expiação é uma entre muitas interpretações no Novo Testamento. Mas esta foi selecionada e desenvolvida exclusivamente pela teologia. Temos de recuperar esse tempo perdido. Se quisermos entender melhor o que é a salvação, um versículo no Evangelho de São João me parece importante. Nele Jesus diz: "Eu vim para que tenham vida e a tenham em abundância" (Jo 10,10). Essa abundância de vida é a libertação da nossa limitação e do nosso pequeno ego. É uma libertação do isolamento do pecado, uma libertação para a comunhão, não só com as pessoas, mas também com os animais, as plantas e o cosmo inteiro. Trata-se de uma re-união, de tornar-se parte do todo e de, com o todo, glorificar a Deus por meio de uma vida alegre e agradecida. Isso significa salvação para mim, não o fato de eu ter uma mancha em minha roupa que precisa ser lavada e retirada por meio de uma ação salvífica.

ANSELM GRÜN

Salvação (*soteria*) significa cura, bem-estar e socorro. O verbo grego *sozein* tem o significado de proteger e de tornar-se sadio. O ser humano se vivencia como ferido, machucado e isolado. Ele quer se tornar sadio; ele precisa ser curado e não permanecer fragmentado.

A cruz é um símbolo sobre o qual sempre medito. Ela já era um símbolo de salvação antes de Jesus, um símbolo que representa a unidade de todos os opostos. A Igreja primitiva reconheceu na cruz uma "árvore da vida" como escada e chave para a vida. O fato de Jesus ter morrido na cruz é um mistério, mas não podemos vincular isso a imagens de castigo e pecado, mas a imagens de amor até a consumação. Jesus disse: "Ninguém tem maior amor do que aquele que dá a vida por seus amigos" (Jo 15,13).

No Monte das Oliveiras Ele se viu confrontado com a pergunta se devia desistir ou seguir seu caminho até o fim. Esse amor até a consumação era sua motivação. Porém, Jesus não veio para morrer, mas para proclamar sua mensagem do Reino de Deus. No entanto, a situação política da época frustrou seu objetivo.

Quando celebramos a morte e a ressurreição de Jesus na Eucaristia, isso representa para mim uma sabedoria, a arte de transformar aquilo que me aconteceu em um ato de entrega; para mim, sacrifício tem o significado de entrega. Eu entreguei minha vida – na tradução grega da Bíblia isso significa "pôr em jogo". Isso mostra o valor que Jesus nos atribui; valemos tanto para Jesus, que Ele pôs em jogo a sua vida. Também encontramos esse paradoxo no Evangelho de São João. A morte de Jesus foi violenta; ela veio de fora. Mas Jesus transformou essa violência em um ato de amor. Assim, Ele tirou o poder da violência e a transformou. Este é o paradoxo. Existem muitas imagens desse tipo, e jamais chegaremos ao fim em nossa meditação sobre esse mistério. No entanto, não podemos fixá-lo em pecado e culpa.

15
A doutrina dos oito males
Ou: Os primórdios da psicologia espiritual

Os textos bíblicos, mas também os escritos espirituais dos Pais e das Mães do Deserto, desenvolveram uma psicologia religiosa inteligente para o convívio com as tentações. Evágrio Pôntico, um dos grandes Pais do Deserto do século IV, esboçou uma primeira psicologia da vida espiritual, a doutrina dos assim chamados nove *logismoi*[66]. Mais tarde ela foi propagada sob o nome de Doutrina dos Oito Males, por João Cassiano[67] e outros, tornando-se mais conhecida como Doutrina dos Sete Pecados Capitais. Na doutrina original dos males Evágrio demonstra como os monges devem lidar com as paixões. Na época, era comum usar a imagem de demônios, que precisavam ser enfrentados. Mas não se tratava de uma demonologia, como se as paixões fossem espíritos externos.

---

66. O conceito grego *logismoi* (plural de *logismos*) se refere às paixões, pensamentos inconscientes, imagens mentais ou "sementes da paixão".
67. João Cassiano (360-435) era um Monge do Deserto, abade e escritor teológico. Ele identificou oito males principais: descomedimento, falta de castidade, ganância, ira, tristeza, tédio, vanglória e arrogância. Mais tarde surgiram disso os sete pecados capitais. Os oito males principais também são tratados em sua principal obra: *Collationes patrum* (3 vol. Münsterschwarzach, 2011-2015).

Antes, representam imagens das ambições dentro de nós. O que deveríamos saber hoje sobre essa Doutrina dos Oito Males, se quisermos avançar melhor na vida espiritual?

ANSELM GRÜN

Se os analisarmos sem julgamento, os *logismoi* são apenas paixões, forças que dominam o ser humano, mas que também podem encorajá-lo para a vida. Não se trata de destruirmos as paixões, pois isso nos privaria de força e nossa espiritualidade se tornaria fraca. O que importa é nos libertarmos das amarras patológicas das paixões. A palavra grega *apatheia*[68] não quer dizer que não devemos ter paixões, mas que precisamos integrá-las de tal modo que elas não nos dominem. Vejamos, por exemplo, as pulsões fundamentais: comida, sexualidade e ambição de posse.

A palavra "pulsão" já diz que é algo que nos impulsiona. Queremos comer porque gostamos de desfrutar; queremos sexualidade porque temos o anseio de nos entregar e de nos esquecer; por trás da ambição de posse esconde-se o desejo de ter segurança. Todas as três pulsões também são motivos religiosos: o banquete sagrado, a sexualidade na mística e no êxtase divino, e quando fala de posses, Jesus conta a Parábola da Pérola Preciosa. Mas todas as três também podem ser transformadas em vício:

---

[68]. Na filosofia, *apatheia* é vista como serenidade positiva e, portanto, como algo desejável. Na medicina, o conceito é usado de forma totalmente diferente: compreende apatia como desinteresse e ausência de envolvimento; ou seja, como sintoma de uma doença.

bulimia, vício em sexo e ganância. Há algo de positivo nas paixões e pulsões, mas elas também podem nos dominar. O decisivo é a manutenção do equilíbrio. O Padre do Deserto Poimen[69] diz: "Tome das paixões e dê-lhes, assim elas farão de você um homem mais provado". Ou seja, não devo me desligar delas, mas lutar com elas para integrar suas qualidades positivas em minha vida.

As paixões emocionais são tristeza, ira e ócio. Tristeza, *pentos* em grego, faz parte da existência humana. A psicologia diz: Preciso ficar em luto por ser tão medíocre, e após ter chorado sobre isso posso me aceitar do jeito que sou. Mas tristeza – *lypé* – como mal significa perseverar nela, na autocomiseração. No fundo dessa autocomiseração estão desejos infantis exagerados. Tendo pena de mim, giro em meu redor e não avanço na vida. Já a ira – *orgé* em grego – também tem algo positivo. Sob a forma de agressão pretende equacionar a relação entre proximidade e distância. Mas também pode dominar, levando à raiva ou à perda de controle. Resumidamente, ócio – *akedia* – é a incapacidade de estar no presente. Falta vontade de trabalhar, de orar, de desfrutar, de não fazer nada. Nesse conflito interno, os culpados são sempre os outros.

DAVID STEINDL-RAST

Já que eu mesmo tenho tendência para a raiva, sempre me senti atraído por Tomás de Aquino, pois ele avalia

---

69. Poimen o Grande (340-450), famoso Padre do Deserto da Antiguidade tardia, viveu em um mosteiro egípcio. É venerado como santo por todas as igrejas ortodoxas e pela Igreja Católica.

a ira de forma positiva – como porção extra de energia que precisamos para superar resistências, assim como pisamos no acelerador do carro quando precisamos vencer uma subida íngreme. O aspecto negativo da ira é apenas a impaciência.

Anselm Grün

Isso seria agressão no sentido positivo. Existem ainda as três paixões espirituais: inveja, vanglória e arrogância, das quais a última – a *hybris* – é a mais perigosa. Por trás da vanglória se esconde algo positivo quando queremos alcançar determinada coisa. O aspecto negativo da vanglória se revela quando alguém tem necessidade de ser admirado e aplaudido o tempo todo, tornando-se totalmente dependente de reconhecimento externo. Inveja surge quando nos comparamos constantemente com outras pessoas; olhamos para elas e acreditamos que estão em situação melhor do que a nossa. Essa também é uma forma de não estarmos centrados.

E *hybris*, arrogância, é a recusa de se aceitar como realmente é. Em vez disso, agarra-se a uma imagem ideal exagerada e se recusa a reconhecer a realidade. C.G. Jung diz que a *hybris* é uma "inflação do ego". Ele fala do perigo de se identificar com imagens arquetípicas. Um exemplo seriam as imagens do ajudante e do curador. Quando usadas positivamente, as imagens arquetípicas ajudam a provocar uma vivacidade maior. Cada um de nós é, em alguma área, ajudante e curador. Essas imagens evocam energia em nós, mas quando nos identificamos com elas nos tornamos cegos para o fato de que tentamos satisfazer nossas próprias necessidades sob o manto de curador.

Um exemplo: certa vez uma mulher me contou que ela foi estuprada por seu irmão aos 17 anos de idade. Ela foi se confessar e o padre lhe disse: "Eu posso curá-la". É uma promessa e tanto. A suposta "cura" se deu assim: a cada quatro semanas ela precisava se confessar, e o padre a abraçava durante uma hora. Ela achou muito estranho, mas acreditou que o padre sabia o que estava fazendo. Apenas aos 40 anos de idade ela conseguiu dizer: "Miserável! Ele satisfez suas necessidades de intimidade comigo sob o manto de curador".

Isso é lastimável. Na espiritualidade existe o perigo de uma identificação total com o sagrado. – O sagrado existe dentro de nós, mas quando eu me identifico totalmente com ele, torno-me cego para o fato de que estou satisfazendo outras necessidades sob o manto espiritual.

DAVID STEINDL-RAST

A vanglória acaba construindo um palácio pomposo com andares muito altos; a *hybris* ocupa o último andar e depois manda derrubar todos os andares inferiores...

Em nosso mosteiro em Mount Saviour, a doutrina monástica primitiva sobre os males e as virtudes nos foi explicada desta forma: "Nosso objetivo é permanecer despertos no agora. Podemos errar esse alvo de três maneiras: perder o presente porque ainda nos agarramos ao passado ou porque já sonhamos com o futuro.

Quando nenhum dos dois for o caso, existe ainda uma terceira possibilidade, a de perder o presente; podemos desperdiçá-lo dormindo". Todos os outros males nascem dessas três raízes. Por exemplo, ressentimento e avareza, mesquinhez e descomedimento na comida, bebida, sexo e luxo não se abrem para a oportunidade singular que o presente nos oferece, porque nos agarramos àquilo que nos é familiar do passado. Também podemos desperdiçar o presente por meio da impaciência irritada, da inveja e do ciúme, da ganância, da vanglória e de emaranhamentos semelhantes em desejos para o nosso futuro. Mas mesmo se não nos agarrarmos ao passado ou ao futuro, podemos desperdiçar o presente, por exemplo, por meio da preguiça, da melancolia, do tédio, da falta de entusiasmo ou da ausência de prazer em todos os níveis, que tem sido chamada de *akedia* e que supostamente provém do "demônio do meio-dia", do calor do deserto. Essa visão reduz o catálogo dos males a três e explica ao mesmo tempo por que eles nos prejudicam: eles impedem nossa resposta atenta à oportunidade que o presente nos dá.

Esse esquema simples nos permite reconhecer que todas essas tendências potencialmente negativas também têm um aspecto positivo. Em uma comunidade é fácil reconhecer quem tende a se fechar, quem sempre está à frente dos outros e quem se sente à vontade no centro, comedido. Mas cada um desses três grupos contribui com algo importante para a vida da comunidade como um todo. Os "conservadores" e os "progressistas" se corrigem mutuamente. E quando a discussão se torna intensa demais entre esses grupos, precisamos dos confrades do terceiro grupo, pois eles reestabelecem o equilíbrio para que o barco não balance tanto. Eles preservam a estabilidade com o peso de sua *gravitas*.

Cada um de nós tende, por natureza, a assumir uma dessas três posturas, sendo que todas elas têm seu lado iluminado e seu lado sombrio. Precisamos reconhecer e desenvolver o lado iluminado de nossa tendência natural. Males são hábitos ruins que se transformaram em nossa segunda natureza. Mas também podemos transformar hábitos bons em uma segunda natureza, ou seja, em virtude. Isso exige dois passos. Quando reconhecemos nossa tendência, num primeiro passo, podemos perguntar, no segundo passo, quais seriam nossas virtudes mais naturais, virtudes fáceis, porque a nossa tendência natural já nos leva em sua direção.

Como podemos lidar de forma saudável com essas paixões?

ANSELM GRÜN

A tristeza me convida a aceitar minha mediocridade e a reconhecer que não posso satisfazer todos os meus desejos. A ira como força me convida a atacar um projeto e a mudar um estado. A *akedia*, que nos dilacera, é curada pela *stabilitas*, ou seja, quando aprendo a permanecer centrado. A vanglória pode me impulsionar para a atividade. Evágrio diz: "O monge vanglorioso faz jejum, vive em ascese e luta, assim, contra as paixões primitivas". O impulso positivo da inveja consiste em impedir que eu me acomode. Quando me comparo com outros percebo que ainda existem outros potenciais em mim. Só não posso ficar preso na inveja. Ela me convida a ser grato pelas oportunidades. A *hybris* tem um aspecto positivo quando eu permito me entusiasmar por ideias, e assim desperto as minhas habilidades. O perigo consiste na identificação com esses ideais, o que me leva a recalcar a realidade.

É o que Wolfgang Schmidbauer[70] descreveu em um de seus livros sobre o potencial destrutivo de ideais. "Não acredito mais em mim mesmo, mas considero o ideal do meu eu como o mais importante". Essa recusa da aceitação própria nos leva a viver de certa forma em um inferno psicológico.

Anselm Grün

Por isso a humildade, a *humilitas*, é tão importante. Ela ajuda a permanecer no chão. Vejo padres, por exemplo, que se identificam muito com seu papel sem possuir uma base sólida.

Quero relatar um fenômeno: há padres que não conseguem mais celebrar missa porque têm medo de sentirem tontura no altar. Isso é um sinal de que a sua imagem ideal é grande demais, e então percebem que, na verdade, são completamente diferentes. Quando a distância entre o ideal e a realidade é grande demais, podem sentir

---

70. Wolfgang Schmidbauer (nasc. 1941) é psicanalista e escritor alemão. Algumas de suas obras: *Alles oder Nichts* – Über die Destruktivität von Idealen. Hamburgo, 1987. • *Das Helfersyndrom* – Über Hilfe für Helfer. Hamburgo, 2007.

tontura. Quando lemos as histórias dos santos, algumas coisas podem ser encorajadoras, mas quando acreditamos ter que copiá-los, corremos perigo.

DAVID STEINDL-RAST

A resposta fundamental à pergunta sobre como devemos lidar com nossas fraquezas e nossos males é: Não lutar contra eles, mas tentar encontrar o aspecto positivo neles. O positivo que me é mais próximo precisa ser desenvolvido.

ANSELM GRÜN

Cito aqui apenas o início do conto de fadas das três línguas. O jovem filho de um conde aprende a língua do latido dos cães. Seu pai, irritado com isso, expulsa o filho. Este chega a um castelo para passar a noite. O dono do castelo só pode lhe oferecer a torre, onde vivem os cães que latem e já dilaceraram várias pessoas. Mas o jovem, que domina a língua dos cães, os trata com amizade. Então eles lhe contam que eles estão com raiva só porque estão vigiando o tesouro. Eles lhe mostram o tesouro e o ajudam a escavá-lo.

Isso é uma imagem que tem me ajudado no acompanhamento espiritual. O ponto em que alguém tem os maiores problemas – esse ponto pode ser a sexualidade, a ira, uma sensibilidade exagerada – é onde seu tesouro está escondido. O cão mais barulhento é aquele que aponta o lugar do tesouro.

Os monges do deserto – e também mais tarde, muitos místicos e diretores espirituais – ressaltavam como é importante ser atento e esperto no discernimento entre o bem e o mal. No entanto, todos sabem que essa não é uma tarefa fácil, pois muitas coisas aparentemente boas são o mal mascarado, e muitas coisas supostamente más se revelam como algo bom. Isso significa que para desemaranhar a vida precisamos de uma cabeça clara, ou seja, daquilo que a tradição chama de "discernimento dos espíritos". Quais são os critérios de discernimento que vocês sugeririam na busca pela verdade?

Anselm Grün

Os monges conhecem quatro critérios; bom é sempre aquilo em que há mais vivacidade, liberdade, paz e amor. Os monges fazem uma distinção entre três pensamentos: pensamentos que vêm de Deus, pensamentos que vêm de demônios e pensamentos que vêm da própria pessoa. Os pensamentos que vêm de Deus provocam vivacidade, liberdade, paz e amor. Os pensamentos dos demônios provocam exaustão, limitação e medo. E os pensamentos que vêm da própria pessoa são caracterizados por irresponsabilidade, banalidade e desatenção.

Quero interromper aqui porque você falou em demônios. Creio que seria intelectualmente ousado imaginar os demônios como seres em algum lugar no mundo exterior. Acredito que precisamos entender isso no sentido de uma psicologia profunda. Hoje falaríamos de emaranhamentos psicológicos e sistêmicos. A língua cotidiana – pelo menos na Áustria – expressa muito bem quando descreve algo como "demoníaco": "Ele o tem"[71]; ele está emaranhado em uma ilusão ou em um vício. Seria isso que queremos dizer quando falamos em demônios?

ANSELM GRÜN

Aqui a teologia também é importante. Ela diz que demônios e também anjos são seres espirituais criados e poderes pessoais, mas não são pessoas que podem ser individualizadas. São forças que prejudicam a existência da pessoa. Isso tem dimensão psicológica nos emaranhamentos sociais, ferimentos na infância etc. Quando falamos em demônios abordamos a dimensão profunda do mal.

C.G. Jung disse certa vez: "O que é mais realístico: Dizer que estou possesso pelo diabo ou que eu tenho um complexo?" O que ele quis dizer é que, em termos psicológicos, é mais sensato dizer que estou possesso. Ele não via o diabo como pessoa, mas estava falando figurativamente. Assim como você disse, "ele me tem", ele me possui. Quando digo: "Tenho um complexo" estou dizendo: "*Eu* tenho o complexo". Mas na verdade é o complexo que me tem.

Essa é a imagem do demoníaco, mas precisamos sempre nos lembrar que se trata de uma imagem. Conheço cristãos que falam demais sobre demônios. Eles projetam algo sobre o mundo exterior que, na verdade, está

---

71. Nós diríamos: estar maluco, enlouqueceu, estar possesso por ideias fixas.

dentro deles. Quando alguém fala o tempo todo sobre o diabo, ele está tendo medo de sua própria alma.

David Steindl-Rast

Concordo com o que você disse sobre o discernimento dos espíritos, mas também considero importante uma outra abordagem. Podemos entender o discernimento dos espíritos de duas formas. Aprender a discernir cada vez melhor entre espíritos bons e espíritos maus. O outro tipo de discernimento dos espíritos é discernir entre aqueles que acreditam saber discernir os espíritos e aqueles que aceitam o mundo como ele é, e, nesse caso, torna-se mais difícil discerni-los. Eu sempre quis que existisse um São Jorge que pudesse ser reconhecido claramente por meio de sua auréola e que mata o dragão, que, evidentemente, pode ser reconhecido por seu bafo. Mas para onde quer que eu olhe, na realidade o dragão também possui uma pequena auréola e São Jorge também possui uma pequena cauda de dragão. Ou seja: discernimentos claros só ocorrem nos livros, mas não na vida real.

Anselm Grün

Sim, está sempre tudo misturado. Quantas vezes o mal é praticado sob o pretexto do bem. Jesus sempre criticou a justiça própria, pois nem sempre é evidente o que é bom e o que é mal. Não podemos separar os dois nitidamente; estão sempre misturados.

16
Sobre o sofrimento e a reconciliação
Ou: A cruz e as estruturas do pecado

Às vezes ignoramos o sofrimento em nossa busca de uma "vida boa". Normalmente evitamos o sofrimento sempre que possível. Isso é compreensível. É, porém, interessante que o Evangelho nos ensina que a vida também é uma experiência da cruz. Isso não significa que devemos buscar ou até mesmo sacralizar o sofrimento. No entanto, tudo indica que ele é inevitável na vida, também no caminho espiritual. Se este for o caso, qual seria o sentido do sofrimento?

ANSELM GRÜN

Há duas posturas diante do sofrimento; uma delas é o medo. Certa vez uma mulher me procurou; ela era linda, bem-sucedida; até então, tudo estava dando certo em sua vida. Ela me procurou porque tinha medo de que as coisas não pudessem continuar assim. Em breve, algo ruim teria que acontecer. – Isso é uma visão errada. O sofrimento não precisa vir. No entanto, na maioria dos casos, ele está presente. Não temos a garantia de atravessar a vida sem sofrimento, mas também não devemos procurá-lo de modo masoquista. Em minha experiência percebo que ele cruza nosso caminho na forma de uma doença, de um conflito ou de uma grande perda. Nesses casos é importante aceitar o desafio. Não posso explicar o porquê do sofrimento, mas posso influenciar a forma como lido com ele. Diante dele minha resposta é esta: O sofrimento destrói minhas ideias sobre mim mesmo, sobre a minha vida e sobre Deus. Mas quando minhas ideias são destruídas, eu não sou destruído, apenas minha superfície é quebrada para que eu me abra para o meu *self* verdadeiro, para o outro e para Deus. Quando me agarro a determinada ideia – por exemplo: "Eu tive uma vida boa. Por que Deus permitiu que eu adoecesse?" –, fico amargurado e me destruo.

DAVID STEINDL-RAST

Nesse contexto precisamos ter muito cuidado quando usamos a palavra "cruz". A cruz original foi a frustração dos planos de Jesus. Deveríamos enfatizar mais que Jesus foi vítima de um assassinato jurídico. Para os romanos a crucificação era o castigo para as grandes traições e para os escravos fugitivos; seu crime era a tentativa de minar a ordem social dominante. E o que faz a pregação de Jesus sobre o Reino de Deus senão minar a ordem social dominante? Por isso, Ele pôde prever que seu caminho o levaria à cruz. Nesse sentido, as passagens bíblicas em que Jesus prediz sua crucificação são historicamente plausíveis. Quando nos revoltamos contra a pirâmide de poder do mundo e pregamos valores completamente diferentes, somos perseguidos e executados. Esse foi o motivo verdadeiro da crucificação de Jesus, e qualquer um poderia ter previsto isso. Seguir Jesus significa tomar sobre nós a nossa cruz; segui-lo significa explicitamente, ainda hoje, minar a ordem social dominante. É algo radicalmente revolucionário.

ANSELM GRÜN

A cruz não é apenas algo passivo. Jesus teve a coragem de pensar de modo diferente e de obedecer à sua consciência. Martin Luther King e outros fizeram a mesma experiência. Eles não procuraram a cruz, mas lutaram pela justiça. A cruz foi consequência. Eles precisavam contar com isso. Na América Latina uma pessoa que luta pela justiça também precisa saber que será perseguida por algum esquadrão da morte ou por mercenários.

DAVID STEINDL-RAST

Precisamos dizer isso claramente. Quando somos incentivados a tomar sobre nós a cruz como cristãos, isso significa que somos encorajados a derrubar ordens sociais injustas, mas não por meio da violência. Precisamos de uma revolução tão revolucionária que ela chega a revolucionar até mesmo o próprio conceito de revolução. Caso contrário, aqueles que antes estavam embaixo assumirão o topo e farão o mesmo como seus precursores. No entanto, toda a pirâmide de poder injusta precisa ser destruída e substituída por uma rede de pequenas redes, de pequenas comunidades. Os responsáveis pelas primeiras comunidades desse tipo diziam às autoridades: "É preciso obedecer antes a Deus do que aos homens" (At 5,29). O Reino de Deus começa com pequenas comunidades, que agem sem medo, porque elas se libertaram de uma lógica de poder que produz injustiça. Por isso, acredito também que a vida monástica é fundamentalmente revolucionária.

Onde vocês identificam hoje aquelas situações que poderíamos chamar de "estruturas do pecado"?[72] Que situações tornam necessária uma revolução no sentido acima descrito?

DAVID STEINDL-RAST

As "estruturas do pecado" se manifestam na pirâmide de poder, que caracteriza a nossa sociedade. Elas apresentam todos os distintivos do ego, sobretudo o medo; ou seja, as três características principais da pirâmide do poder estão arraigadas no medo: violência, concorrência e ganância. Jesus opõe a isso o Reino de Deus: ausência de violência, trabalho em equipe e compartilhamento. A

---

72. "Estruturas do pecado" é um conceito da Encíclica *Sollicitudo Rei Socialis* (A solicitude pelas coisas sociais), publicada em 1971. Papa João Paulo II escreve: "Todavia, é necessário denunciar a existência de *mecanismos* econômicos, financeiros e sociais que, embora conduzidos pela vontade dos homens, funcionam muitas vezes de maneira quase automática, tornando mais rígidas as situações de riqueza de uns e de pobreza dos outros. Esses mecanismos, manobrados – de maneira direta ou indireta – pelos países mais desenvolvidos, com o seu próprio funcionamento favorecem os interesses de quem os manobra, mas acabam sufocando ou condicionando as economias dos países menos desenvolvidos".

ausência de violência se contrapõe ao nosso armamento nuclear: "Quem toma da espada, pela espada morrerá" (Mt 26,52). À concorrência injusta, que se tornou motor da nossa cultura, opõe o trabalho em equipe para o bem comum: "Carregai o peso uns dos outros" (Gl 6,2). E à ganância e ao enriquecimento às custas dos outros, pelo qual os ricos se tornam cada vez mais ricos e os pobres cada vez mais pobres, Jesus responde com o compartilhamento: "Quem tiver duas túnicas dê uma a quem não tem nenhuma" (Lc 3,11). A história da multiplicação dos pães[73] nos mostra que, quando compartilhamos, sempre sobra o bastante para todos. Nesses três âmbitos – armamento, concorrência e ganância – o cristianismo precisa ser revolucionário.

ANSELM GRÜN

Três observações. Em primeiro lugar, a economização pura de toda a vida é um perigo hoje em dia, porque tudo é visto sob o ponto de vista econômico. Isso acontece na medicina, na educação, na natureza etc. Em segundo lugar, a submissão de tudo a normas jurídicas também é problemática. Direito e justiça se afastam cada vez mais um do outro. Às vezes, o direito também é usado para identificar um culpado em situações complexas e jogar toda a culpa sobre ele. O terceiro ponto crítico é a injustiça em todas as suas dimensões. Jesus diz que bem-aventurados são aqueles que têm sede e fome de

---

73. Essa narrativa pode ser encontrada em Jo 6,2-14; Lc 9,11-17; Mc 6,33-46; Mt 14,13-23.

justiça (Mt 5,6). Quem semeia justiça colherá paz. Por outro lado, a injustiça sempre existe, no sentido de que não há uma justiça absoluta. Porém, os cristãos sempre devem defender estruturas justas, incluindo distribuição justa de bens e de oportunidades. Hoje vivemos na era da globalização. Isso pode ser uma chance para mais justiça. Mas se o vencedor é sempre o mais forte, a globalização se transforma em maldição para o ser humano. Seria importante globalizarmos os valores cristãos como contrapeso para o poder e a violência.

David Steindl-Rast

A raiz desses males fundamentais que você mencionou são o medo e a ganância. A ganância surge do medo de não receber o bastante, de sair perdendo. E isso nos leva de volta ao ego. Vivemos num mundo construído pelo ego; nosso mundo possui todas as características dele. No entanto, precisamos construir um mundo do *self*.

Quero acatar uma de suas sugestões mencionadas no contexto da herança revolucionária. Podemos demonstrar isso muito bem no caso do sofrimento, porque ele está presente no mundo todo. Existe sofrimento causado por acidentes, doenças ou catástrofes naturais. – Esse sofrimento é inevitável. Mas existe muito sofrimento que é produto humano e que poderia ser evitado. Em todo caso, a história, a espiritualidade e também a psicologia nos mostram: Quem não aprende a transformar a dor do sofrimento costuma repassá-la para os outros. Podemos observar muito bem como o ciclo de violência e contraviolência, de crime e vingança, de injustiça e ódio constantemente se repete. Esse tipo de sofrimento também é uma "base para o ateísmo"[74], já que o ateísmo acredita que um Deus bom é inconciliável com um mundo de sofrimento. O que a tradição cristã ensina sobre a transformação da dor e sobre o sentido do sofrimento?

ANSELM GRÜN

Em primeiro lugar, querendo ou não, todo ser humano é ferido. Se não nos reconciliarmos com esses ferimentos, fatalmente os repassaremos às outras pessoas, inaugurando assim um ciclo de sofrimento. Para mim, a cruz funciona como uma placa de "Pare". Jesus foi ferido, mas Ele transformou esse ferimento em um ato de amor.

Isso me parece muito heroico: reconciliar-se com um ferimento. Estou pensando agora nas vítimas de abuso. Essa reconciliação não é tão fácil assim. Primeiramente essas vítimas precisam se conscientizar do fato e conseguirem dizer que sofreram um abuso. Também precisam poder sentir raiva por causa disso.

ANSELM GRÜN

Sim, você está se referindo ao processo de perdão. Esse processo consiste de cinco passos:

---

74. "O sofrimento é a rocha do ateísmo" é uma citação do filósofo Ludwig Feuerbach (1804-1872) que foi acatada também pelo poeta Georg Büchner (1813-1837): "A teodiceia é a rocha do ateísmo".

Primeiro: não ignorar ou recalcar a dor, mas permiti-la. Levar-me a sério também significa levar a sério a minha dor.

Segundo: permitir a minha raiva. A raiva é a força que me distancia do outro e me libera dele sobre a minha vida. No entanto, a raiva precisa ser transformada em ambição: "Consigo viver por conta própria. Não sou apenas vítima de abuso".

Terceiro: entender objetivamente o que aconteceu. Apenas quando consigo entender é que também consigo me aceitar.

O quarto passo é o perdão, que é um ato de libertação. Significa libertar-me da energia negativa que está dentro de mim por causa do ferimento. Eu me liberto também do vínculo com o outro. Pois quando não consigo perdoar continuo amarrado ao outro, e, assim, ele continua tendo poder sobre mim.

O quinto passo é transformar a ferida em "pérola". Eu fui ferido, mas isso também me abriu e me pôs em um novo caminho. Conheço pessoas que sofreram ferimentos profundos. Isso permitiu que elas se transformassem em bons terapeutas, médicos ou conselheiros que hoje ajudam outros feridos. Essa é a transformação de um ferimento em uma pérola.

Naturalmente não devemos julgar, mas conheço pessoas cujas histórias me causam aperto no peito. Sei que, no caso delas, a transformação será lenta. Às vezes lhes digo: "Você sofreu algo terrível. Mas essa experiência o tornou mais capacitado do que outras pessoas. Você pode ter orgulho de ter sobrevivido a essa experiência.

Agora lhe pergunto: 'Como você consegue conviver com ela?'"

DAVID STEINDL-RAST

Ainda quero fazer uma observação sobre o perdão. A palavra "perdão" me diz muita coisa, porque é a forma mais intensiva de dar. Em latim existe a palavra *perdonare*, que significa o ato mais completo, mais extremo de dar.

A fase preliminar do perdão é a desistência. Sempre precisamos desistir de algo em nossa vida. Caso contrário, não há espaço para algo novo. Precisamos desistir da infância para alcançar a idade adulta. No fim, precisamos desistir da vida. Mas o gesto de desistir também é um gesto de preservar, pois quando desistimos de algo, nós não o jogamos fora. As mães precisam soltar seus filhos para que eles possam amadurecer, mas ela não os joga fora.

A próxima fase é a entrega. Isso já é muito mais difícil do que desistir. Aquilo ao qual nos entregamos quebra nosso coração. Quando permitimos que algo nos comova, aquilo abre nosso coração. Com esse coração aberto somos capazes de perdoar.

A razão pela qual o perdão é tão difícil se expressa maravilhosamente na palavra latina *tollere*, que antigamente recitávamos em voz alta na missa: *Agnus Dei, qui tollit peccata mundi*. A palavra *tollere* significa ao mesmo tempo "tomar sobre si" e "retirar". O Cordeiro de Deus toma sobre si o pecado, e assim o retira ao mesmo tempo. Apenas se tomarmos sobre nós os erros podemos retirá-los. Isso não significa: "Eu teria feito o mesmo nessa situação". Significa antes: "Somos um – um *self*". Apenas um eu-profundo pode perdoar. O perdão falha muitas vezes porque costumamos vê-lo como um "perdão real" de cima para baixo. Ele não nos custa nada, mas também não realiza nada. Perdoar significa: "Eu me coloco sob a culpa. Eu não me separo daquele que errou". Pelo fato de sermos um no *self*, é daí que o perdão pode vir.

Não deveríamos diferenciar perdão e reconciliação? Do ponto de vista psicológico, creio que isso seria necessário. Pois é possível que eu tenha sido ferido por uma pessoa que não vive mais ou não está ao meu alcance. Nesse caso, não posso mais negociar a culpa com o outro. Mas posso perdoar sem me reconciliar com ele. Também quando existe um vínculo de violência muito forte com o outro, a reconciliação pode não ser possível; mas pelo menos posso libertar a mim mesmo e viver em uma nova relação por meio do perdão.

Anselm Grün

Não tenho visto o perdão a partir do conceito *perdonare*, mas a partir do de *dimittere*, que significa dar ou entregar, enviar ou deixar com o outro. Ambos os aspectos são importantes. Entregar algo significa que o outro continua sendo meu adversário, mas eu deixo tudo aquilo que ocorreu comigo nas mãos dele, e assim o privo de seu poder sobre mim. O *perdonare* no sentido mencionado por você, de se sentir um, certamente é mais intenso. Às vezes, porém, basta deixar o ocorrido com o outro.

DAVID STEINDL-RAST

Então isso não é tão escrupuloso...

ANSELM GRÜN

É verdade. Nessa fase estou apenas comigo mesmo e estou liberto. Reconciliar tem a ver com "expiar". Em latim, reconciliação se chama *reconciliatio* – gerar novamente comunhão. Você se referiu a isso mais acima: somos em conjunto. Uma coisa é reconciliar-me comigo mesmo e reconciliar-me com o outro. Muitas vezes, porém, o outro não se reconcilia. Muitas vezes vejo isso entre irmãos, quando brigam por herança. Eles querem reconciliação, mas a herança destrói tudo. Então fica a pergunta: "Eu consigo me reconciliar internamente, independentemente do outro?" Estou aberto, mas também me sinto impotente quando o outro recusa a reconciliação. Não faria sentido eu desistir de mim mesmo por causa disso.

DAVID STEINDL-RAST

Poderíamos dizer isso também da seguinte forma: Para alcançar a reconciliação, pelo menos duas pessoas precisam perdoar uma à outra. Mas quando uma não perdoa, o outro pode perdoar mesmo assim. Portanto, podemos perdoar independentemente do outro. Reconciliação só pode ocorrer se ambos estiverem dispostos para isso.

ANSELM GRÜN

Pelo menos posso me reconciliar comigo mesmo.

17
Sobre o crescimento espiritual
Ou: Aprender a me aceitar como realmente sou

Há pessoas que imaginam uma pessoa religiosa como perfeita e uma vida santa como "perfeita", "pura", "limpa" e "harmoniosa". Mas o ser humano não é assim. Sua vida é uma mistura de muitas ambições e experiências diferentes. Existe santidade nesta vida, mas também existem abismos. A vida é complexa e às vezes paradoxal. Precisamos aprender a viver também por meio de tentativas e erros. Como, então, crescemos espiritualmente, "acertando" tudo ou "errando"?

ANSELM GRÜN

É claro que devemos tentar agir "corretamente", mas apesar disso, "erramos" em muitos casos. Aprender tentando e errando é uma coisa. Outra é: quem encontra a si mesmo sempre encontra também suas sombras. Assim, toma conhecimento de sua fragilidade e de seus abismos. Durante o noviciado eu não gostava da humildade, porque eu a considerava algo negativo. Quanto mais velho fico, mais percebo que ela é a postura adequada para aceitar a mim mesmo, com minhas qualidades e fraquezas. Posso, mesmo assim, sentir-me aceito por Deus e não preciso julgar os outros. O incentivo de Jesus de não julgar não é tanto uma máxima moral, mas por trás disso se esconde a experiência: quem conhece a si mesmo não sente vontade de julgar os outros.

David Steindl-Rast

Por um lado, precisaríamos dizer: "Aceite-se do jeito que é". Mas o ideal de ser melhor tem a vantagem de nos esforçarmos mais porque queremos alcançar algo. Sem isso é possível que nos tornemos descuidados. Isso também é um perigo.

Anselm Grün

Por isso existe a máxima: "Só posso mudar o que eu aceitei". Primeiro vem a aceitação. Mas quero crescer e não ficar parado. Caso contrário, me tornarei preguiçoso. Ficar parado é um dos perigos. Por isso, lemos a Bíblia e as histórias dos santos, para perceber que há mais potencial dentro de nós. O outro perigo é a projeção. Algumas pessoas nos consideram santos. Elas projetam algo sobre nós e depois se decepcionam quando demonstramos ser apenas humanos. Por outro lado, algumas pessoas precisam dessas telas de projeção, mas nós jamais devemos nos identificar com elas.

David Steindl-Rast

Há um livro importante de James Fowler sobre o processo de crescimento que você mencionou. Ele se chama *Stufen des Glaubens* (Degraus da fé)[75]. Assim como Jean Piaget[76] tentou descrever o desenvolvimento da inteligência, Fowler retraçou o desenvolvimento religioso. Ele conseguiu demonstrar que o passo decisivo na transição de um nível de desenvolvimento para o outro sempre resulta de uma crise. Isso é valioso, pois nos ensina a reconhecer a importância das crises na vida. Aquilo que você chama de transformação é resultado de uma crise. A *krisis*, compreendida no sentido grego da palavra, peneira o que consegue sobreviver.

Isso significa que o espírito cristão abarca também o imperfeito?

Anselm Grün

É claro que sim. O espírito cristão é a aceitação, ou seja, o fato de que somos aceitos incondicionalmente. Mas ele também tem um propósito, o de que nos tornemos cada vez mais permeáveis para Cristo e para o *self* verdadeiro. Nisso, nunca chegaremos ao fim; esse processo de esclarecimento e transformação, para que o

---

75. FOWLER, J. *Stufen des Glaubens* – Die Psychologie der menschlichen Entwicklung und die Suche nach Sinn. Gütersloh, 2000.

76. Jean Piaget (1896-1980) era suíço e psicólogo do desenvolvimento. Livro: *Das Erwachen der Intelligenz beim Kinde*. Stuttgart, 2003.

essencial sempre se manifeste e o não essencial se torne cada vez menor em nossa vida, se estende até a nossa morte. Assim, jamais conseguiremos ser uma pessoa perfeita. Para mim é muito importante que o Espírito de Cristo transpareça também em nossas fraquezas. Nós queremos irradiar Cristo apenas por meio das nossas qualidades, mas nós o irradiamos também por nossas feridas.

David Steindl-Rast

Leonard Cohen escreveu uma linda música chamada *Anthem*. Nela, ele diz: "Ring the bells that still can ring, forget your perfect offering. There is a crack in everything, that's how the light gets in" [Toque os sinos que ainda pode tocar, esqueça sua perfeita oferenda, há uma falha em tudo, é assim que a luz entra]. Nessa música ele diz que é melhor celebrar o positivo do que tentar eliminar o negativo. Ela expressa de forma maravilhosa uma verdade espiritual; impossível expressá-la melhor.

Anselm Grün

Henri Nouwen[77] sempre dizia: "Nos pontos em que fomos quebrados quebram também as máscaras que vestimos e a armadura em volta do nosso coração". Somos quebrados e abertos para o nosso *self* verdadeiro, e então algo pode nos penetrar e iluminar.

---

77. Cf. NOUWEN, J.J.M. [1932-1996]. *Die dreifache Spur* – Orientierung für ein spirituelles Leben. Friburgo: Herder, 2012.

18
Sobre raízes e crescimento
Ou: Conectar o velho com o novo

Vemos uma grande tensão nas igrejas cristãs, um grande abismo entre os chamados conservadores e os chamados progressistas liberais. O conservador pode ser caracterizado da seguinte forma: ele quer fazer o velho com um espírito velho. O liberal quer fazer o novo com um espírito velho. Na história, ambas as vertentes lutam entre si como antagônicas. No entanto, não parece existir saída, porque ambas se baseiam num pensamento dualista. Existiria um terceiro caminho? Algo que talvez pudéssemos chamar de visão contemplativa e integrativa que transcendesse esses dois polos?

ANSELM GRÜN

O decisivo para mim é se você possui um coração. Abbas Pambo, um dos primeiros monges do deserto, disse: "Se você tem um coração, você pode ser salvo". Existem conservadores que têm um coração. No fundo, eu também sou conservador, porque a tradição é importante para mim. Mas o coração conservador também precisa ser grande e aberto. A tradição precisa ser preenchida sempre de novo com um espírito renovado e traduzida para o nosso tempo. Os liberais, por sua vez, fazem perguntas importantes sobre novos caminhos. Mas quando a pergunta é sobre quem teria razão, as coisas se complicam.

A tensão entre preservar e renovar existe em cada ser humano. Precisamos reunir esses dois lados, se quisermos permanecer vivos. Se jogarmos fora o antigo e corrermos apenas atrás do novo, perderemos nossas raízes. Mas se nos agarrarmos ao antigo obstinadamente, ele não conseguirá crescer ou se desenvolver. Portanto, precisamos permitir essa tensão que trazemos dentro de nós, também no convívio.

Como, porém, podemos escapar do pensamento dualista no cristianismo?

ANSELM GRÜN

Dualismo é sempre uma luta sobre quem está com a razão. Eu também acompanhei pessoas teimosas e endurecidas. A maioria se guiava pelo medo. Um padre me disse certa vez: "Tenho medo de afundar. Por isso, preciso de formas tão rígidas". O que ele precisaria fazer é fortalecer aos poucos o seu *self*, para não precisar mais dessas formas rígidas. Mas não podemos eliminar nossas limitações por meio de medidas externas. Se o fizermos, fatalmente afundaremos. Momentaneamente precisamos permitir as limitações e encontrar meios de transcendê-las.

O que você diz sobre o coração é o mais importante. Nisso já está a resposta à pergunta: uns fazem o velho com um espírito velho; outros fazem o novo com um espírito velho. Ambos deveriam fazer o velho e o novo com um espírito novo. No Sl 51 lemos: "Criai em mim um coração novo".

Normalmente o antigo é visto como algo rígido e estagnado, e o novo como fluido e flexível. Nesse sentido, todos nós precisamos de um coração renovado e de um espírito novo. Não importa se preferirmos o velho ou o novo ou algo entre os dois polos; o que importa é o coração, pois ele representa conexão. Todos nós somos conectados nele.

Em nossa tradição cristã, dois grandes equívocos constantemente ameaçam a cordialidade autêntica. Um deles é que nosso relacionamento com Deus é interpretado de forma jurídica. Culpa, juízo, mandamento, castigo e reconciliação reclamam para si uma importância que não lhes cabe. O segundo equívoco ocorre quando nosso relacionamento com Deus é interpretado como particular. Apenas Deus e eu, em vez de Deus e nós. A preocupação de Jesus era, porém, o Reino de Deus. O que Ele queria era gerar comunhão. No Reino de Deus a comunhão com os seres humanos é precondição para a comunhão com Deus – de coração para coração.

19
Sobre a encarnação
Ou: Como corpo, espírito e alma formam uma unidade

Uma tradição que marcou fortemente a história da fé cristã é representada por Santo Agostinho. Durante dez anos ele foi seguidor dos maniqueus[78] e, mais tarde, voltou-se contra eles com escritos polêmicos. Porém há teólogos que defendem que alguns pensamentos maniqueístas influenciaram a teologia de Agostinho e, portanto, também os primórdios do cristianismo. Uma dessas consequências foi, por exemplo, a desvalorização do corpo e da sexualidade em prol do espírito. A oposição entre carne e espírito foi limitada à sexualidade, distorcendo, assim, seu verdadeiro sentido. As consequências foram dramáticas. Encontramos, por exemplo, um eco disso na famosa citação de Nietzsche: "O cristianismo deu veneno ao eros; este veneno não o matou, mas o transformou em vício"[79]. Diante desse contexto não precisaríamos retornar às

---

78. O maniqueísmo é uma vertente da fé gnóstica, tendo sido fundado pelo persa Mani. Apresentando um pensamento fortemente dualista, seus seguidores procuram alcançar a salvação por meio da ascese e da busca constante da pureza.

79. In: *Além do bem e do mal*.

nossas raízes e perguntar: "O que Jesus e Paulo queriam dizer quando falavam de carne e espírito?"

Anselm Grün

É claro que sim! Pois o cristianismo é a encarnação do espírito. Infelizmente, ao longo da história temos visto o corpo como algo negativo e a sexualidade como um perigo, e não como vitalidade, criatividade, força e desejo de união. Aqui há um descompasso fundamental, e certamente necessitamos de uma visão nova em relação a isso. Porém, para sermos justos, precisamos dizer que no hinduísmo e no budismo também existe uma visão desconfiada da sexualidade, excluindo-se por ora a pequena vertente do tantrismo. É evidente que, em todas as culturas e religiões, a sexualidade é vista como algo ambivalente, porque não pode ser controlada. No entanto, é importante que ela seja abordada com uma postura positiva e que sejam encontradas formas equilibradas de lidar com ela, não com um espírito de negação e proibição.

David Steindl-Rast

Para mim é muito importante não confundirmos carne com corpo e espírito com intelecto. Precisamos entender o porquê histórico do ceticismo em relação à "carne" (em grego, *sarx*), pois isso nos ajuda a entender melhor. Como sabemos, o clima é bastante quente no Oriente Próximo. Quando um animal era abatido, a carne precisava ser processada o mais rápido possível, pois na Antiguidade não existia geladeira. Nessa região de clima quente a carne apodrece rapidamente, e por isso ela podia perfeitamente ser tomada como exemplo que todos podiam compreender. A carne representa, portanto, aquilo que apodrece rapidamente, representa o finito e o transitório.

Espírito, por sua vez, significa originalmente "sopro" e representa a vivacidade. Enquanto um ser respira, ele está vivo. Enquanto a carne respira, ela não apodrece; apenas quando ela para de respirar, morre e apodrece.

Se analisarmos essas imagens da carne e do sopro veremos que elas falam sobre a finitude e a vivacidade, e que a doutrina da encarnação celebra o fato de que as coisas perecíveis são renovadas pelo sopro de vida de Deus. A vivacidade de Deus permeia o efêmero.

Anselm Grün

E também a passagem de São Paulo sobre o "corpo como templo do Espírito Santo" (1Cor 6,19) confirma isso, que provém da nossa experiência. O ser humano brilha em seu corpo, e nós experimentamos o espírito no corpo quando olhamos para uma pessoa. Quando alguém não tem uma relação equilibrada com seu corpo, falta-lhe a aura. Apenas quando a alma e o espírito fluem no corpo, eles podem ser vivenciados por nós; o espírito sem corpo não pode ser vivenciado.

Em vista dessa história corrompida, precisaríamos de caminhos novos para reconciliar o corpo e o espírito? Vejo nisso uma das razões pelas quais as formas físicas de meditação do Oriente exerçam tamanha atração aqui no Ocidente. Seja ioga ou zen, essas formas nos fazem perceber que o espírito é realinhado por meio de meditação e exercícios físicos. Aqui sentimos esse vínculo.

DAVID STEINDL-RAST

Há pessoas que têm medo disso porque acreditam que essas práticas podem introduzir algo novo. No entanto, toda a história da tradição cristã nos mostra que ela sempre incorporou coisas boas que vinham de fora. Isso não é novidade.

ANSELM GRÜN

No cristianismo, a meditação era comum a partir do século III. Os cristãos não a inventaram; trata-se de uma grande vertente antiga – a oração mântrica existe em todos os lugares. Podemos dizer que, de certa forma, os monges a "batizaram". Orar com o corpo e com gestos é muito importante também no cristianismo. Mas a partir do Iluminismo o corpo foi totalmente desprezado. Quando rezo com o corpo estou muito mais presente do que quando rezo com a cabeça. A mente está sempre inquieta, e o corpo concentra o espírito. Um dos propósitos do ioga também é a conexão[80]; o espírito é ligado ao corpo por meio de determinados gestos.

---

80. Recomendamos muito a leitura das obras do cientista da religião Karl Baier, professor na Universidade de Viena: *Yoga auf dem Weg nach Westen* – Beiträge zur Rezeptionsgeschichte. Würzburg, 1998. • *Meditation und Moderne*. 2 vols. Würzburg, 2009.

O cristianismo também conhece esse tipo de meditação. Uma delas é o sentar-se, a outra é a peregrinação. Isso também é uma forma de meditação física que foi redescoberta. Gestos como a dança pascal eram um tipo de expressão importante na Idade Média; gestos menores são o sinal da cruz e o ajoelhar-se. – Trata-se também de experimentar a si mesmo.

Na década de 1970 convivemos com Karlfried Graf Dürckheim. Ele nos aproximou do corpo de forma nova: eu não *tenho* um corpo, eu *sou* meu corpo. Para Dürckheim, o corpo é uma espécie de barômetro que revela à pessoa seu estado. Mas ele também é um instrumento de transformação, pois quando me sento de forma diferente ou fico de pé firmemente, minha postura interior também é transformada.

20
Tempo para gratidão
Ou: Por que cada momento é um presente

Monge David, aprendi algo importante de você, algo que entendi da seguinte forma: ideias religiosas, afirmações de fé e religiões reveladas são secundárias quando comparadas à possibilidade existencial de experiência, que se oferece a cada pessoa em todos os tempos e em todas as culturas. Resumindo: antes da religião vem, em primeiro lugar, a experiência da existência. Isso significa a oportunidade, que me é dada constantemente e a cada momento, de fazer algo com a vida. Assim, toda a minha vida se transforma em possibilidade de responder a essa existência que me foi dada, de interagir criativamente comigo e com meu mundo, deixando, assim, um mundo melhor para os meus filhos e netos. Essa experiência da existência é, ao mesmo tempo, fonte de gratidão e alegria, como também o início da fé primordial. Você poderia desdobrar um pouco mais esse vínculo entre gratidão, alegria e fé?

DAVID STEINDL-RAST

Gosto de falar sobre uma vida agradecida. Isso não é somente o núcleo da minha espiritualidade, mas também uma postura da qual a sobrevivência da humanidade possivelmente dependa. A gratidão tem a ver com fé porque ela flui da confiança primordial na vida, ou seja, da fé primordial humana. A confiança na vida se expressa quando aproveito com gratidão a oportunidade que a vida me oferece em determinado momento.

O vínculo entre alegria e gratidão é uma questão de experiência. Todos nós conhecemos pessoas que têm tudo de que precisam para serem felizes, e mesmo assim são totalmente infelizes. Ou porque invejam os outros, ou querem algo diferente, porque querem mais do mesmo etc. Mas conhecemos também pessoas que têm muito pouco ou que enfrentam grandes dificuldades na vida e mesmo assim irradiam alegria. Elas não têm sorte, mas têm alegria; elas são alegres até mesmo na calamidade.

Se analisarmos mais de perto a diferença entre infelizes e felizes, percebemos que se trata da gratidão. Os ricos infelizes são infelizes porque não são gratos por aquilo que têm; os pobres felizes são felizes até mesmo na calamidade porque são gratos, apesar de tudo. A gratidão é a chave para a alegria, e alegria é aquela felicidade que não depende de algo que nos acontece.

O caminho para essa alegria apresenta dois passos. Como primeiro passo, precisamos nos lembrar da sensação que surge em nós quando sentimos gratidão. Talvez uma imagem possa ajudar: nesse primeiro passo somos como um recipiente que se enche lentamente; está chovendo e o tanque se enche. Quando surge gratidão em nosso coração, isso acontece primeiro em silêncio, mas de repente o coração transborda. A água que transborda cintila na luz do sol – talvez eu cante debaixo do chuveiro.

Este já é o segundo passo: a ação de graças. São, portanto, duas coisas que cooperam: a gratidão e a ação de graças. A alegria se manifesta plenamente apenas na ação de graças.

Em nossa sociedade de consumo, porém, isso muitas vezes nem chega a acontecer. Pouco antes de nosso coração transbordar vemos um anúncio que nos diz: "Existe uma oferta ainda muito melhor", ou: "O vizinho tem um modelo muito mais novo". Então, aumentamos nosso recipiente, de forma que a água nunca chega a transbordar, mas a nossa alegria se manifestaria apenas quando nosso coração transbordasse. Ao visitamos países em que as pessoas utilizam apenas recipientes muito pequenos, ficamos maravilhados e nos perguntamos: "Como é que pessoas tão pobres podem ter tanta alegria". Elas precisam de pouco para que seu coração transborde. Podemos aprender delas; podemos diminuir um pouco nossos recipientes e assim aumentar a nossa alegria. Não é a quantidade de posses que provoca a alegria, mas a qualidade de uma vida agradecida.

Para mim é importante que você não está falando sobre pensamento positivo, mas de uma experiência fenomenológica que todos podem fazer. Poderíamos ver isso de forma muito superficial: "Não pense negativamente!" "Pense positivamente!" Quando você pensa o positivo, experimentará o positivo. Mas isso são apenas truques psicológicos que prometem algo que não corresponde à realidade. Suas palavras indicam uma realidade mais profunda, algo que me interessa. Por quais coisas podemos ser gratos? Onde isso começa?

David Steindl-Rast

A gratidão sempre tem início quando duas coisas confluem: precisamos receber algo valioso aos nossos olhos, e o presente precisa ser dado livremente. Quando essas duas condições são cumpridas surge uma gratidão espontânea no coração de todo ser humano.

O passo decisivo dessa experiência em direção a uma vida de gratidão consiste em adquirirmos a consciência de que o presente mais valioso de todos é o momento atual. Se esse momento não nos fosse dado, nada mais existiria. O agora é o maior presente; o agora é presente puro. Você não pode comprar um único momento com todo o dinheiro e ouro do mundo. Vemos isso quando a morte se aproxima. Por isso, é muito benéfico estar sempre ciente da morte, como sugere São Bento. Isso leva à gratidão, da qual floresce a alegria da vida. Agora, neste momento, e agora, no momento seguinte, recebo de graça o maior presente, ou seja, o agora com todas as oportunidades que ele me oferece.

Anselm Grün

Gostei muito de ler seu livro sobre gratidão[81], e ele me deu novos impulsos. – A palavra alemã *"danken"* ("agradecer") provém de *"denken"* ("pensar"). Aquele

---

81. STEINDL-RAST, D. *Gratefulness, the Heart of Prayer* – An Approach to Life in Fullness. Nova Jersey: Paulist Press, 1984 [em alemão: *Fülle und Nichts*: Von innen her zum Leben erwachen. 3. ed. Friburgo: Herder, 2008.

que pensa corretamente também é grato. Pessoas ingratas são desagradáveis; nunca conseguimos satisfazê-las. O fato de pensarmos e falarmos sobre a nossa existência não significa que estamos no caminho certo, pois pensar não significa apenas pensar racionalmente, mas também perceber. E aquele que percebe o presente do momento é uma pessoa agradecida.

DAVID STEINDL-RAST

Existem dois extremos. Um deles é a pessoa que não reflete sobre nada e apenas vive um dia após o outro. O outro extremo é a pessoa que sempre reflete muito sobre tudo, questionando tudo e desconfiando de armadilhas em todos os fatos. De alguma forma, precisamos encontrar a medida e o equilíbrio do pensamento, para que ele nos leve à gratidão e, consequentemente, à alegria.

Como é possível sentir gratidão quando me ocorre uma calamidade, quando me lembro do sofrimento e das muitas injustiças neste mundo, da exploração, mentira, corrupção e violência? Como posso ser grato diante de tudo isso?

ANSELM GRÜN

Em primeiro lugar, não precisamos ser gratos em todos os momentos. Quando um sofrimento abala minha vida, não sinto gratidão – isso seria um gesto super-heroico. O que eu sinto no sofrimento é dor. Mesmo assim, posso me lembrar de que não experimentei apenas sofrimento e que não sou apenas dor. Talvez eu tenha pessoas que me consolem; sou grato por não estar sozinho, por ainda estar vivo. Em meio ao sofrimento sempre encontrarei algo pelo qual poderei ser grato. É como uma boia que impede que eu afunde completamente no sofrimento, desistindo de mim.

Agora eu poderia dizer: Tudo bem, enquanto o sofrimento for apenas o meu sofrimento, posso concordar com você, Padre Anselm. Mas admito que violência, fome, corrupção, exploração, epidemias, mentiras e traição me escandalizam! Eu não posso aceitar essas coisas, posso?

Anselm Grün

Evidentemente, seria absurdo reagir a isso com gratidão. Isso exige outras posturas...

David Steindl-Rast

Bem, aqui eu também vejo a gratidão como postura fundamental. É claro que concordo com você quando diz que não podemos ser gratos por tudo. Existem muitos fatos pelos quais não podemos ser gratos. Você acaba de mencionar algumas coisas. Mas podemos ser gratos em cada situação, porque cada momento nos oferece oportunidades. A palavra-chave aqui é oportunidade. No fundo, você disse o mesmo com outras palavras. Muitas vezes, doença e sofrimento nos dão a oportunidade de crescer ou de aprender algo. Também as situações de exploração, guerra e corrupção nos oferecem a oportunidade de protestar e de nos empenhar contra isso. Até mesmo uma injustiça que nós e nossos colegas de trabalho sofremos nos dá a oportunidade de resistir pessoalmente ou com a ajuda do sindicato, de nos empenharmos pela justiça e pela verdade – até a cruz, como Jesus. Aproveitar as oportunidades que nos são oferecidas é, para mim, a forma mais importante de exercer a gratidão. Evidentemente, isso pode ser difícil em determinadas situações.

Irei complicar um pouco mais essa questão da gratidão. Suponhamos que eu tenha uma vida boa do ponto de vista material. Posso ser grato por isso. Mas, minha vida materialmente boa pode ser consequência do fato de que os bens relacionados ao meu bem-estar são produzidos por pessoas que vivem em condições de trabalho e salário indignas. Eu tenho facilidade de comprar coisas materiais, porque existem empresas que exploram a natureza e que, em virtude de seu poder, exploram seus funcionários ao máximo.

Se hoje eu embarcasse num avião e voasse para o Caribe, poderia ser grato porque tenho dinheiro para fazer isso e porque, certamente, encontrarei uma ilha maravilhosa. Mas com meu voo eu produziria uma quantia considerável de gases de efeito estufa. Como sabemos, estes são um fator decisivo na perigosa mudança climática. Hoje, essa mudança climática afeta mais os pobres; provoca eventos naturais extremos, secas, inundações e, em decorrência disso, mais pobreza, fome e necessidade. Aos pobres não resta outra possibilidade senão tentar sua sorte em outro lugar. Acomodam-se em barcos superlotados na costa do norte da África e arriscam sua vida na tentativa desesperada de alcançar a Europa. Esse cenário se repete sob outras circunstâncias na América Latina. Por causa da enorme desigualdade e da falta de oportunidades de trabalho e formação, milhares de emigrantes tentam chegar aos Estados Unidos por meio do deserto. Eles já sofreram muito com a exploração e a violência da máfia e podem se considerar felizes se não forem mortos ou morrerem de sede no deserto. O futuro que os esperá nos Estados Unidos é tudo, menos fácil, se é que conseguirão passar pela fronteira.

Quando me conscientizo de tudo isso, não fico mais à vontade para sentir gratidão pelo meu bem-estar material, pois sinto que sou corresponsável pelo sistema que produz esse estado abominável. Ou seja, como posso ser grato pela abundância, quando outros são obrigados a pagar o preço do meu conforto?

DAVID STEINDL-RAST

Demonstro minha gratidão contemplando sobriamente a situação, assim como você acaba de fazer. Então, o fato de eu reconhecer esses problemas me obriga a demonstrar gratidão fazendo algo para mudar a situação. Muitas pessoas vivem como sonâmbulos; elas nem se dão conta desses desequilíbrios. Mas sabemos, por exemplo, que a crise global do futuro não será uma crise de petróleo, mas uma crise de água. Temos consciência de que a produção de carne consome uma quantidade incrível de água. A produção de meio quilo de carne que vem para o meu prato gasta a mesma quantia de água que uma pessoa precisa para seus banhos durante um ano. Sabedor disso, eu poderia tentar reduzir meu consumo de carne ou desistir dele completamente. Não preciso tornar-me vegetariano, mas poderia tentar comer apenas um terço da carne que estou acostumado a comer ou apenas uma vez por semana.

Este é apenas um exemplo de como cada pessoa pode concretamente fazer uma pequena diferença. Mas existem milhares de outras possibilidades para recompensar a injustiça que me providenciou aquilo pelo qual sou grato. A pessoa pobre, que é explorada ou que precisa fugir porque não tem água ou pouca comida, não pode fazer muita coisa. Demonstro minha gratidão pelo fato de estar numa situação em que tenho a oportunidade de fazer algo.

ANSELM GRÜN

Essas situações de injustiça acima descritas são notórias, mas, graças a Deus, está havendo mudança de consciência. Escrevi um livro com Jochen Zeitz, que na época era chefe da empresa de artigos esportivos Puma®[82]. Hoje em dia nenhuma empresa da Alemanha pode se dar ao luxo de vender bolas de futebol produzidas por trabalho infantil. Ninguém compraria esse tipo de artigo. Existe uma mudança no comportamento de consumo, mas precisamos fazer esse caminho em muitas outras áreas.

---

82. GRÜN, A. & ZEITZ, J. *Gott, Geld und Gewissen* – Mönch und Manager im Gespräch. Münsterschwarzach, 2010 [Ed. brasileira: *Deus, dinheiro e consciência* – Diálogo entre um monge e um executivo. Petrópolis: Vozes, 2012].

No quesito "alimento", por exemplo, a Alemanha não avançou tanto quanto a Áustria e a Suíça – onde existe maior conscientização –, mas já está havendo mudança de pensamento. Vejo também gratidão na recusa em apoiar modos de produção injusta. Depois dos incêndios de fábricas têxteis de Bangladesh, com centenas de mortos, a imagem dos fornecedores de marcas famosas ficou tão prejudicada, que eles não ousarão mais produzir sob condições tão indignas. Nossa sociedade não tolera mais isso[83]. Também a mídia como um todo se interessou pelo tema da responsabilidade ética na produção e no consumo. Esperamos que em breve esse quadro degradante não será mais possível.

DAVID STEINDL-RAST

Essa mudança na consciência que você menciona aqui é uma das razões principais para a gratidão em nosso mundo, que ao mesmo tempo é gerado por ela. Pois não existe mudança de consciência sem contemplação e reflexão. Caso contrário, seríamos simplesmente arrastados pela correnteza. É preciso uma observação minuciosa; a situação precisa ser analisada e a mudança de consciência exige uma ação. Um reconhecimento claro precisa levar a uma ação correspondente. Isso nos leva ao passo triplo *"stop – look – go"* ["pare – olhe – ande"]. Por meio desse passo triplo realizamos a essência íntima da gratidão.

---

83. Cf., p. ex., a campanha internacional Clean Clothes [Disponível em http://www.cleanclothes.org].

Monge David, você está construindo na Europa, nos Estados Unidos, na América Latina e na China uma rede que se chama "gratefulness.org" ou "viver agradecidos"[84]. Trata-se de uma rede de pessoas de diversos países e culturas que se reúnem em torno do tema gratidão, que pretendem viver agradecidas e que tentam dar uma resposta espiritual ao sofrimento e à injustiça no nosso mundo. Quais são as esperanças que você tem para essa rede? O que ela poderia causar no mundo? Trata-se de uma rede que também reúne as religiões?

DAVID STEINDL-RAST

O passo decisivo que damos, também aqui em nossa conversa, é um despertar. Entendemos que precisamos educar as pessoas – e sobretudo nossos filhos – para a gratidão. Já existem escolas e projetos em escolas que se apoiam completamente nisso. Por exemplo, a escola evangélica Berlin Zentrum, dirigida por Margret Rasfeld, que se orienta por esse princípio, tanto no que diz respeito à organização da escola e o dia a dia escolar quanto no que diz respeito aos conteúdos de ensino. Esse reconhecimento de que a gratidão é revolucionária para a nossa cultura e que está sendo introduzida na educação me dá muita esperança.

Qual é o aspecto revolucionário da gratidão? Ou o que muda quando vivo agradecido?

---

84. Disponível em http://www.gratefulness.org [língua inglesa] • http://www.dankbar-leben.org [língua alemã].

David Steindl-Rast

Como já disse, nossa cultura é predominantemente marcada por medo e temor. Disso resultam violência, concorrência injusta, ganância e exploração. O primeiro efeito de uma vida agradecida é que ela afasta o medo; é resultado da confiança de que tudo que nos ameaça também oferece oportunidades. Quando somos gratos por essas oportunidades, nada temos a temer. E dessa ausência de medo resultam *pacifismo, cooperação respeitosa e compartilhamento*. Esses três frutos da gratidão já são, em si mesmos, revolucionários em nosso mundo. Se apenas um deles conseguisse se impor, já teríamos um mundo completamente diferente. Não é difícil imaginar como seria maravilhoso um mundo no qual as pessoas convivessem em gratidão. Esse é o mundo que desejamos criar.

Padre Anselm, você diria que, em seu núcleo, a religião é uma prática de gratidão?

Anselm Grün

Claro. O centro da religião cristã é a Eucaristia, que significa "ação de graças". *Eucharistein* significa, em grego, "dar graças". A missa é ação de graças a Deus por aquilo que Ele fez por nós. Toda religião surge da gratidão pela dádiva de Deus.

Evidentemente, existem religiões que enfatizam o medo do negativo, mas o lado positivo de todas elas é a gratidão. Encontramos isso no islã – gratidão por aquilo que Deus deu. Já no hinduísmo e no budismo encontramos a gratidão pelo ser. Isso também pode ser visto no cristianismo. Nesse sentido, ser grato é uma postura religiosa essencial; ser grato não somente às pessoas, mas também a Deus, pela vida, pela natureza, pela beleza, por todo momento da existência. Isso é uma vida mais consciente. O ser humano agradecido não explora; ele permite que as coisas sejam. Um presente não é jogado fora, mas guardado.

DAVID STEINDL-RAST

Sim. Você tem razão: A gratidão é uma postura religiosa essencial; talvez a mais essencial de todas. Não existe tradição religiosa ou espiritual no mundo que não diga explicitamente que a gratidão ocupa o centro daquilo que ela prega e pretende praticar. Mas a gratidão vai além. Até ateus e agnósticos dizem muitas vezes: "Não sou religioso e não quero saber de igrejas e espiritualidade. A minha espiritualidade é viver agradecido". A gratidão é, portanto, aquilo que une todas as pessoas. É a postura na qual uma consciência completamente nova de comunhão poderia unir as pessoas.

21
Mística, resistência e participação
Ou: Qual é o foco do cristianismo

Francisco de Assis[85] disse aos seus confrades e amigos reunidos: "Fomos chamados para curar as feridas, para reunir e curar o que foi separado e rompido e para levar para casa aqueles que se perderam no caminho". Papa Francisco também fala do chamado da Igreja a ficar ao lado dos pobres e marginalizados, ao lado das vítimas deste mundo ferido[86]. Em que sentido precisamos atualizar a mensagem central do cristianismo?

---

85. Francisco de Assis (1181-1226) nasceu como Giovanni Battista Bernardone. Canonizado em 1228, viveu segundo o exemplo de Jesus o evangelho da simplicidade e humildade. Por meio de seu estilo de vida radicalmente simples e sua atenção carinhosa voltada para os pobres e enfermos, rapidamente atraiu seguidores. Disso surgiu a Ordem dos Frades Menores e a Ordem das Clarissas. Jorge Mario Bergoglio, cardeal argentino eleito papa em 2013, foi o primeiro papa a adotar o nome Francisco como sinal simbólico de conversão da Igreja Católica.

86. Cf., entre outros escritos, a primeira exortação apostólica do Papa Francisco: *Evangelii Gaudium* (A alegria do Evangelho), de 24 de novembro de 2013, com o subtítulo: *Sobre o anúncio do Evangelho no mundo atual* [Disponível em http://w2.vatican.va/content/francesco/pt/apost_exhortations/documents/papa-francesco_esortazione-ap_20131124_evangelii-gaudium.html].

ANSELM GRÜN

O Papa Francisco devolveu a mensagem essencial do Evangelho ao centro das atenções. Vemos em muitas igrejas como dinheiro e poder podem ser uma tentação. A Igreja precisa defender os pobres e se empenhar conscientemente por aqueles que nada valem para a sociedade. Este é o Espírito de Jesus. Foi isso que São Francisco pregou e viveu, como também muitos outros. As "sete obras de misericórdia"[87] eram uma forma importante de espiritualidade na Igreja. A despeito de todos os erros que existem nela, podemos dizer: Se a Igreja não existisse, a sociedade seria muito mais fria. No entanto, é importante conscientizar-se sempre de novo da mensagem central do Evangelho, porque o perigo de buscar somente o poder externo também existe na Igreja.

Papa Francisco não tem medo de fazer comparações muito duras. Ele descreveu nossa economia capitalista como "economia que mata"[88]; também ressaltou a urgência de uma mudança de rumo, pois o que está em jogo hoje é o destino do nosso planeta, e ele parece ter compreendido muito bem isso.

DAVID STEINDL-RAST

Aquilo que o Papa Francisco procura realizar é uma renovação autêntica. Já dissemos que toda tradição pre-

---

87. As sete obras de misericórdia são listadas em Mt 25,31-46: alimentar os famintos, dar de beber aos sedentos, abrigar estranhos, vestir os despidos, cuidar dos enfermos, visitar os presos e enterrar os mortos.
88. Em *Evangelii Gaudium* o Papa Francisco chama para a luta contra a pobreza.

cisa se renovar a partir da fonte, e a fonte da tradição cristã é Jesus Cristo. Jesus não falou sobre ortodoxia, mas muito sobre misericórdia. Nas últimas décadas a Igreja se concentrou muito mais na ortodoxia do que na misericórdia. Finalmente, o Papa Francisco ressalta sobretudo a misericórdia, aquilo que Jesus faria hoje.

ANSELM GRÜN

É claro que o papa não declarou uma nova ordem econômica. Ele nem poderia fazer isso. Vimos que o comunismo não funciona; o capitalismo puro também mata. A teoria social do cristianismo desenvolveu a economia do mercado social, mas esta foi profundamente prejudicada nos últimos 30 anos.

A essa abordagem falta ainda o aspecto ecológico. Precisaria ser essencialmente um modelo socioecológico.

ANSELM GRÜN

É claro. De vez em quando falo sobre os valores na economia. Quando digo "valores" refiro-me a valores que respeitam a criação e o ser humano ou os valores cristãos da fé, da esperança e do amor. Conheço empresas que realmente tentam viver uma cultura cristã. Certa vez fiz uma palestra em uma delas. Ninguém é demitido nessa empresa; quando ela passa por uma fase econômica difícil, o chefe é o primeiro a abrir mão do seu salário. Isso é um sinal: o chefe quer ser solidário. E existem diversos modelos dessa solidariedade. Há pessoas que me condenam por fazer palestras em empresas, porque acreditam que isso seria apenas uma ação para aliviar a consciência de seus diretores. Eu, porém, faço isso com a esperança de provocar uma mudança no pensamento dos responsáveis. Se aqueles que têm responsabilidade deixarem de ser gananciosos e respeitarem valores, também haverá a esperança de mudar o mundo.

DAVID STEINDL-RAST

Um modelo sugerido pelo Papa Leão XIII[89], mas infelizmente nunca realizado, nem mesmo pela Igreja, é o princípio da subsidiariedade. Esse modelo transformaria toda a pirâmide de poder em uma rede social. Esperamos que isso possa acontecer no futuro. É óbvio que cada decisão deveria ser tomada no nível mais baixo possível.

Um exemplo simples: a ferrovia austríaca. As perguntas sobre como uma estação ferroviária deve ser equipada, quais funcionários devem ser contratados, quem deve ser responsável por sua limpeza etc. não precisariam ser respondidas pela central em Viena, isso poderia ser decidido em nível regional. O itinerário, porém, deveria ser definido num nível superior, porque exige a sincronização de toda a rede. Apenas aquilo que teria necessidade de ser decidido em nível mais alto deveria ser decidido em Viena.

Se implementássemos isso na Igreja teríamos uma situação completamente diferente. Por ora, a maioria das decisões é tomada de cima para baixo. Precisamos, porém, urgentemente de uma ativação de baixo para cima.

---

89. Papa Leão XIII (1810-1903) também foi chamado de "Papa dos Operários" devido à sua sensibilidade pelas questões sociais de seu tempo. Sua encíclica mais importante foi a *Rerum Novarum* (1891).

22
Falar sobre experiências
Ou: A fé separa ou une?

Na história das religiões mundiais existe uma concorrência secular, muitas vezes acompanhada de conflitos sangrentos, dentro das religiões e também entre elas. Na atualidade, podemos observar isso de forma exemplar no jihadismo islâmico. Isso ocorreu e ocorre em nome da verdade e em nome de Deus. Mas esse conflito religioso está baseado em pontos de vista dualistas e de pretensões de verdade absolutas e totalitárias. Ou seja, uma religião é a verdadeira e todas as outras são falsas e estão equivocadas. É preciso convertê-las à verdade ou, se isso não funcionar, combater ou até mesmo destruir. Mas se estudarmos mais a fundo as tradições místicas e o núcleo experiencial das religiões, encontraremos um pensamento não dualista, e nisso houve uma contribuição importante dos místicos. Essa experiência de fé mística não poderia ser um caminho para aprendermos a nos ver de forma nova e nos encontrar num nível mais profundo? Poderíamos então compartilhar a alegria da fé e as preocupações da vida, poderíamos ajudar uns aos outros e encontrar juntos soluções para os problemas globais urgentes. Vocês acham que é possível iniciar uma nova era de cooperação religiosa em prol da justiça, da paz e da preservação da criação?

Anselm Grün

A mística é um caminho importante, pois se baseia na experiência, e não no dogma. Quando compartilho minhas experiências eu não brigo, não quero impor minha convicção. Mas tenho curiosidade de conhecer a experiência do outro e a respeito. Sua experiência pode aprofundar a minha. Descobrimos, assim, que o importante é a experiência de Deus, e não a posse da verdade. Deus é a Verdade, e todos nós apenas estamos em seu caminho.

Se levarmos isso a sério as religiões poderão cooperar-se mutuamente. O futuro do mundo depende muito de como elas convivem umas com as outras. Elas continuarão sendo uma fonte de guerras ou se transformarão em fonte de reconciliação? Graças a Deus, as últimas décadas produziram sinais muito positivos. O cristianismo e o budismo são bons exemplos disso; também existe diálogo com o hinduísmo. O cristianismo e o islã conseguiram coexistir muito bem na Idade Média; nos últimos tempos, porém, esse relacionamento se tornou muito problemático em virtude de agressões extremistas em partes da África e no Oriente Próximo. No fundo, acredito que o diálogo entre as religiões determinará o futuro do mundo. Mas esse diálogo não pode ser sobre as doutrinas, mas sim sobre as experiências.

David Steindl-Rast

Também acredito que o nosso entendimento sobre a experiência de fé é decisivo; o que nos une é a fé. Normalmente acreditamos que ela nos separa, mas isso ocorre apenas quando confundimos "fé" com "determinadas afirmações de fé". Compreendendo corretamente, veremos que fé religiosa não consiste em considerar algo verdadeiro, mas ter confiança, confiança em Deus.

Confiança em Deus; confiança sem medo no mistério insondável da vida: é isso que todas as pessoas têm em comum. Precisamos apenas nos conscientizar de nossa união na fé. Essa crença primordial humana se expressa de forma diferente nas diversas tradições e é formulada de maneira distinta. Mas o que temos em comum é a confiança na vida, no mistério que nomeamos "Deus". A confiança nele abarca também a confiança no próximo. Fé é, no fim das contas, aquilo que pode nos unir de forma mais íntima.

Agradecimento
Postludium ex gratia

Meu primeiro agradecimento se dirige evidentemente ao Monge David e ao Padre Anselm, que, a despeito de suas agendas superlotadas, reservaram um fim de semana para gravar estas conversas no Mosteiro de Münsterschwarzach.

É provável que este livro jamais tivesse sido produzido sem um impulso do além-mar. Alberto Rizzo, de Buenos Aires, é o motivador, a quem agradeço de todo coração.

Agradeço de forma especial à nossa revisora Marlene Fritsch, que, com simpatia e convicção, discutiu e elaborou a forma deste livro. Ao Monge Linus Eibicht, diretor da Editora Vier Türme, ao Dr. Matthias E. Gahr, Heike Rabeler e aos outros funcionários da editora, cujo nome não conheço, que garantiram com seu profissionalismo que este livro pudesse vir à luz do mundo.

Agradeço profundamente aos meus amigos pelas dicas e observações críticas, ao diagramador Clemens Schedler, ao escritor Ilja Trojanow, minha irmã Veronika Kaup-Hasler e minha parceira de vida Silvia Tschugg.

Quero também agradecer pelo apoio ideal a Mirjam Luthe-Alves, Margaret Wakeley e Brigitte Kwizda-Gredler da rede social "Viver agradecido".

Devo o fato de termos conseguido realizar um projeto tão lindo e útil pessoalmente à fonte de toda vida. O fato de eu poder chamar essa fonte também por seu nome, porque ela me sustenta na vida e na morte, é para mim motivo de felicidade profunda e alegria vital.

Viena, novembro de 2014.
Johannes Kaup

CULTURAL

Administração
Antropologia
Biografias
Comunicação
Dinâmicas e Jogos
Ecologia e Meio Ambiente
Educação e Pedagogia
Filosofia
História
Letras e Literatura
Obras de referência
Política
Psicologia
Saúde e Nutrição
Serviço Social e Trabalho
Sociologia

CATEQUÉTICO PASTORAL

Catequese
Geral
Crisma
Primeira Eucaristia

Pastoral
Geral
Sacramental
Familiar
Social
Ensino Religioso Escolar

TEOLÓGICO ESPIRITUAL

Biografias
Devocionários
Espiritualidade e Mística
Espiritualidade Mariana
Franciscanismo
Autoconhecimento
Liturgia
Obras de referência
Sagrada Escritura e Livros Apócrifos

Teologia
Bíblica
Histórica
Prática
Sistemática

REVISTAS

Concilium
Estudos Bíblicos
Grande Sinal
REB (Revista Eclesiástica Brasileira)
SEDOC (Serviço de Documentação)

VOZES NOBILIS

Uma linha editorial especial, com importantes autores, alto valor agregado e qualidade superior.

VOZES DE BOLSO

Obras clássicas de Ciências Humanas em formato de bolso.

PRODUTOS SAZONAIS

Folhinha do Sagrado Coração de Jesus
Calendário de mesa do Sagrado Coração de Jesus
Agenda do Sagrado Coração de Jesus
Almanaque Santo Antônio
Agendinha
Diário Vozes
Meditações para o dia a dia
Encontro diário com Deus
Guia Litúrgico

CADASTRE-SE
www.vozes.com.br

EDITORA VOZES LTDA.
Rua Frei Luís, 100 – Centro – Cep 25689-900 – Petrópolis, RJ
Tel.: (24) 2233-9000 – Fax: (24) 2231-4676 – E-mail: vendas@vozes.com.br

UNIDADES NO BRASIL: Belo Horizonte, MG – Brasília, DF – Campinas, SP – Cuiabá, MT
Curitiba, PR – Fortaleza, CE – Goiânia, GO – Juiz de Fora, MG
Manaus, AM – Petrópolis, RJ – Porto Alegre, RS – Recife, PE – Rio de Janeiro, RJ
Salvador, BA – São Paulo, SP